I0566754

DISCLAIMER

The author and publisher are providing this book and its contents on an "as is" basis and make no representations or warranties of any kind with respect to this book or its contents. The author and publisher disclaim all such representations and warranties, including but not limited to warranties of merchantability. In addition, the author and publisher do not represent or warrant that the information accessible via this book is accurate, complete, or current.

Except as specifically stated in this book, neither the author nor publisher, nor any authors, contributors, or other representatives will be liable for damages arising out of or in connection with the use of this book. This is a comprehensive limitation of liability that applies to all damages of any kind, including (without limitation) compensatory; direct, indirect, or consequential damages; loss of data, income, or profit; loss of or damage to property; and claims of third parties.

FIRST EDITION - Published 2022

Extra Graphic Material From: www.freepik.com
Thanks to: Alekksall, Starline, Pch.vector, Rawpixel.com, Vectorpocket, Dgim-studio, Upklyak, Macrovector, Stockgiu, Pikisuperstar & Freepik.com Designers

This Book Comes With Free Bonus Puzzles

Available Here:

BestActivityBooks.com/WSBONUS20

5 TIPS TO START!

1) HOW TO SOLVE

The Puzzles are in a Classic Format:

- Words are hidden without breaks (no spaces, dashes, ...)
- Orientation: Forward & Backward, Up & Down or in Diagonal (can be in both directions)
- Words can overlap or cross each other

2) ACTIVE LEARNING

To encourage learning actively, a space is provided next to each word to write down the translation. The **DICTIONARY** allows you to verify and expand your knowledge. You can look up and write down each translation, find the words in the Puzzle then add them to your vocabulary!

3) TAG YOUR WORDS

Have you tried using a tag system? For example, you could mark the words which have been difficult to find with a cross, the ones you loved with a star, new words with a triangle, rare words with a diamond and so on...

4) ORGANIZE YOUR LEARNING

We also offer a convenient **NOTEBOOK** at the end of this edition. Whether on vacation, travelling or at home, you can easily organize your new knowledge without needing a second notebook!

5) FINISHED?

Go to the bonus section: **MONSTER CHALLENGE** to find a free game offered at the end of this edition!

Want more fun and learning activities? It's **Fast and Simple!**
An entire Game Book Collection just **one click away!**

Find your next challenge at:

BestActivityBooks.com/MyNextWordSearch

Ready, Set... Go!

Did you know there are around 7,000 different languages in the world? Words are precious.

We love languages and have been working hard to make the highest quality books for you. Our ingredients?

A selection of indispensable learning themes, three big slices of fun, then we add a spoonful of difficult words and a pinch of rare ones. We serve them up with care and a maximum of delight so you can solve the best word games and have fun learning!

Your feedback is essential. You can be an active participant in the success of this book by leaving us a review. Tell us what you liked most in this edition!

Here is a short link which will take you to your order page.

BestBooksActivity.com/Review50

Thanks for your help and enjoy the Game!

Linguas Classics Team

1 - Food #1

```
П Т А Ч М Ә Ң Ы Ч Г А Ш Г Ш
Ю Ө Т О З Г Н Е Ү С Б И Ю Ъ
Г Я Ю Ю Е Ү Н Ю П А Р К В Ң
Т У Р Н И П Ж Д Ч Р И Ә Г Н
К Һ Р Ф Г Р И С Е Ы К Р С Х
А Ә Ш О Ү Н Х А Й М О Ы О Ы
Ш В А Р П А С Л Ө С С К Ф Е
Ә Ю Ф У Ш Т Б А К А Ө Ш Т Җ
Б Д К Ж С Т Ш Т Л К П Т У Ь
Ч А Б Щ К У Ш П И Н А Т Н Ә
А Р А Х И С Г А М Е Г Л А Е
П Ч С Б Ш Л Ө А О С Н Б Ю Е
У И И Л Е Ң Ң Л Н У А Я Ч Ж
Ш Н Л Х Р Ә П Ү Щ Т Ө Е Н С
```

АБРИКОС	АРАХИС
АРПА	ЙӨК
БАСИЛ	САЛАТ
КИШЕР	ТОЗ
ДАРЧИН	АШ
САРЫМСАК	ШПИНАТ
СУ	ЧҮПЧЕЙ
ЛИМОН	ШИКӘР
СӨТ	ТУНА
СУГАН	ТУРНИП

2 - Castles

```
А Р Г Р Ж Ф С К Ы Л Ы Ч Ә Л
Т Ж П Б Б В А А К К Д Д Р О
Щ Ө Д О С А Р Л О О Ә К Л П
П Ъ П А П Ы А К П У Р З Я Х
Х С Ф М Һ Р Й А Р Ц У А В Н
Г М Т А Җ А И Н И Ш Д Т Л П
К А Т А П У Л Н Н Я И Л М А
С Н С И Д Н Җ С Ц Ф Н Ы О Т
Т А Ц Ң Ю И Ы Ө Е Е А Ж А Ш
Е Р А Ү Н К Җ Г О У С Ч Т А
Н А Г О Ж О Щ Ц Җ Д Т С П Л
А Ә И Г О Р Ч Ю А А И В А Ы
Ь Ю Ң О Н Н Ү Л Р Л Я Р Т К
Ш Р Ш И М П Е Р И Я Е Б Ү Ч
```

КОРАЛ	МОАТ
КАТАПУЛ	ЗАТЛЫ
ТАҖ	САРАЙ
АЖДАҺА	ПРИНЦ
ДЮНЖОН	ПРИНЦЕССА
ДИНАСТИЯ	КАЛКАН
ИМПЕРИЯ	КЫЛЫЧ
ФЕУДАЛ	МАНАРА
АТ	УНИКОРН
ПАТШАЛЫК	СТЕНА

3 - Exploration

```
А Л Щ Ө Л М А Һ Ъ Ъ Y Х Б Х
Я Щ Ө Б Ш Д В П С Г Щ А П Җ
Ж Г Х И Ө А Е Һ У К М Й Җ И
Ө Н Ф Л А Һ Г Е Я Ә Ә В В Р
П С Ь Г Ң У М Ь Б Я Д А Б Ж
Я Җ Л Е Ң Б Г Ю Ь Г Ә Н А Ф
К С Н С Ә Җ Ө Д Я Ъ Н Н Т Т
У Ы Ң Е Щ Ң Э Ш Г Щ И А Ы Ә
Ы Д Р З Ь Щ Т Ъ Ъ А Я Р Р Я
Б И Л Г Е Л Ә М Ә Н Т Е Л Ң
Т Y А Ч Ы К О С М О С Җ Ы А
Х М Д Т Л Й Я Н Ж Р Ъ У К Ь
С Ә Я Х Ә Т Ы Д Ң А М Х Ж Е
А Ч Ы Ш Ң К Ь С Щ Г Г Х Р Р
```

ЭШ	ТЕЛ
ХАЙВАННАР	ЯҢА
БАТЫРЛЫК	КОСМОС
МӘДӘНИЯТ	ҖИР
БИЛГЕЛӘМӘ	СӘЯХӘТ
АЧЫШ	БИЛГЕСЕЗ
АЧЫК	КЫРГЫЙ

4 - Measurements

```
Е Ы О З Ы Н Л Ы К Г М К И Ң
Д Ю Й М Е Т Р Т Ө Р Һ И Д Н
Ч М Я Һ Л Ө И Х Ц А Ю Л Ъ Ч
М Т И Е И Е С Ө Ч М Ү О Ч Ө
Т Б И Н Ь С Е Я Ч Һ Ж Г К П
О И С Р У У Н Ц И Я Д Р Ъ Х
М Е У А Ә Т Ф Н Н Ф Б А Й Т
Х К Н Н Н Н Ә Е Ъ Ч С М О Ң
А Л Л Һ У Т Л И Т Р Ж М И А
Л Е Ы Е Т И И Е Ү У Е Ң Д К
Ы К А Д Ү Ң Ф М К Җ Һ П Я Л
К И Л О М Е Т Р Е О Л А Р М
Я И Ж В Ц Һ Х Ф Ю Т Г Ү У Ж
А В Ы Р Л Ы К А Д Ә Р Ә Җ Ә
```

БАЙТ	ОЗЫНЛЫК
САНТИМЕТР	ЛИТР
УНЛЫ	ХАЛЫК
ДӘРӘҖӘ	МЕТР
ТИРӘНЛЕК	МИНУТ
ГРАМ	УНЦИЯ
БИЕКЛЕК	НН
ДЮЙМ	ТОМ
КИЛОГРАММ	АВЫРЛЫК
КИЛОМЕТР	ИҢ

5 - Farm #2

```
Я Ъ Т О Л К Щ Ф Щ Б Ү Ш Ч Ч
Ш Ф Е Р М Е Р Җ С А Р Ы К Х
Е В Ф Л А М А У Н Р Д Х Ь А
Л И Р Д Р К С Ц Л Н Ә Ы Е Й
Ч Н И Ү П У Т У Д К К Җ В
Ә Д П Ф А З Ү О Г Б Ы М И А
П М Ы Т З Ы И Д Р А Х С М Н
Б И Һ И Ы Ь Ж О Ы К Р Н Е Н
О Л Д Г К Һ О Җ Д Ч Г У Ш А
Д Л И М Ь Ү Х Н Б А Ү Я Щ Р
А Һ Ж Т Ц С Ө Т Л О П Ә У Ь
Й К У К У Р У З Т А Л Ы Х П
Т Ж В У Щ Ч Ү И Ц Я Ц Ы Щ Б
Ү Ю П Т Ң Х И Ы Щ Ш У Ү Н Ф
```

ХАЙВАННАР	ЛАМА
АРПА	БОЛЫН
БАРН	СӨТ
КУКУРУЗ	БАКЧА
ҮРДӘК	РИП
ФЕРМЕР	САРЫК
АЗЫК	ТРАКТОР
ҖИМЕШ	ЯШЕЛЧӘ
СУГАРУ	БОДАЙ
КУЗЫ	ВИНДМИЛЛ

6 - Books

```
Р  У  К  У  Ч  Ы  Ц  Т  Ү  Т  Р  Э  К  Ш
Ы  Ы  И  А  Ү  Д  К  Ч  Р  Ь  Ж  П  О  И
Ч  Р  Л  В  И  Ә  С  К  И  А  Һ  О  Н  Г
Һ  Ы  Е  Т  Х  Д  Е  А  Н  П  Г  С  Т  Ъ
Җ  П  Ш  О  Һ  Ә  Р  Ъ  В  О  Р  И  Е  Р
Ъ  Ы  Л  Р  Г  Б  И  Т  Е  Е  А  Щ  К  И
Ь  Л  Е  Ә  Ь  И  Я  А  Н  М  О  Н  С  Я
Д  Ъ  С  Л  С  Д  Л  Р  Т  Б  А  У  Н  Т
К  Д  Һ  Ң  М  У  Ә  И  И  Б  И  Ц  Һ  Ф
Ө  Е  Р  Х  Г  А  Р  Х  В  Ь  Ю  У  Щ  О
Е  Я  Ш  Җ  Һ  Л  О  И  П  Х  И  К  Ә  Я
Ю  Г  А  Е  М  И  М  М  А  Җ  А  Р  А  Ө
М  Ф  Ф  М  Ч  Т  А  Т  С  Ү  З  Л  Ә  Р
Ж  Т  С  Б  У  А  Н  И  Ф  К  М  А  М  Ө
```

МАҖАРА	РОМАН
АВТОР	БИТ
ҖЫЕЛМА	ПОЕМ
КОНТЕКС	ШИГЪРИЯТ
ДУАЛИТ	УКУЧЫ
ЭПОС	КИЛЕШЛЕ
ТАРИХИ	СЕРИЯЛӘР
КЕШЕ	ХИКӘЯ
ИНВЕНТИВ	ТРАГИК
ӘДӘБИ	СҮЗЛӘР

7 - Meditation

```
Д А Ф П Е Р С П Е К Т И В А
Җ К Ы Щ Ф К А Б У Л И Т Ү М
О Ы Б Л Щ Ө П Ц Ә К Г Я Ц Б
У Л Ф И К Е Р С Я Ү Ъ К В Ь
К Ы З Г А Н У У И З Т Ы Е Р
М Д Ә Ш Е Ж Я Л Г Ә И Н Ц Ә
Т У Ф Ы С Ж Н Ы Е Т Б Л Т Х
Т Ы З П Г М Ы Ш Л Ү А Ы Ъ М
Ы Д Н Ы Т Р Г Т Е Д Р К Б Ә
Н Р Х Ы К Т Ы Ә К Г А Д Ә Т
Ы Я И Ж Ч А З Ы Ц Ж А П Х Ө
Ч Ң С Т Ч Л Ң Т Ы Ь Ү Г Е Д
Ъ Җ К Д Ш Х Ы Р Ж Ч А Б Т Р
Х Ә Р Ә К Ә Т К Ъ Щ Һ Щ Ә Һ
```

КАБУЛ ИТҮ	БӘХЕТ
ИГЪТИБАР	ИГЕЛЕК
УЯНЫГЫЗ	АКЫЛ
СУЛЫШ	ХӘРӘКӘТ
ТЫНЫЧ	МУЗЫКА
ЯКЫНЛЫК	КҮЗӘТҮ
КЫЗГАНУ	ПЕРСПЕКТИВА
ХИС	ТЫНЫЧЛЫК
РӘХМӘТ	ФИКЕР
ГАДӘТ	

8 - Days and Months

```
Г  С  И  Ш  Ә  М  Б  Е  С  К  М  Л  Ө  П
Н  Ы  И  Ч  И  В  Е  Ф  Е  В  Р  А  Л  Ь
Ү  Ш  Й  А  Б  В  И  Җ  Н  Г  Ң  В  Р  Ю
Ә  Е  О  Н  Ы  Л  А  А  Т  Н  А  Г  Е  Т
Ө  У  У  Җ  В  Ю  Щ  П  Я  О  П  У  А  К
Х  Ц  Ш  Б  Д  А  Ч  Я  Б  Я  Ә  С  Ь  А
И  Ю  Л  Ь  Е  Ү  Р  Һ  Р  Б  Н  Т  А  Л
Д  Н  Я  Җ  В  Ш  Ә  Ь  Ь  Р  Җ  Ө  Й  Е
Ә  Ү  К  Ы  К  И  Ч  Ә  В  Ь  Е  Л  Д  Н
Ъ  Ң  Ш  Х  П  М  Ц  Р  Ч  Г  Ш  Б  Ө  Д
Ш  Ж  Ә  Ә  Һ  Б  М  Р  Җ  Ж  Ө  К  Ж  А
Ф  Ы  М  Һ  М  Ә  Ү  И  Җ  О  М  Г  А  Р
Ң  Ю  Б  О  Н  Б  О  К  Т  Я  Б  Р  Ь  Д
О  А  Е  А  П  Р  Е  Л  Ь  О  Е  Ө  Р  Ү
```

АПРЕЛЬ	НОЯБРЬ
АВГУСТ	ОКТЯБРЬ
КАЛЕНДАР	ШИМБӘ
ФЕВРАЛЬ	СЕНТЯБРЬ
ҖОМГА	ЯКШӘМБЕ
ГЫЙНВАР	ПӘНҖЕШӘМБЕ
ИЮЛЬ	СИШӘМБЕ
МАРТ	КИЧӘ
ДҮШӘМБЕ	АТНА
АЙ	ЕЛ

9 - Chess

А	К	К	О	Н	К	У	Р	С	К	Т	П	С	Г
Л	В	А	К	Ы	Т	В	Б	Г	А	С	А	Т	К
Ә	М	Г	Д	О	Ш	М	А	Н	Р	О	Т	Р	У
Җ	Б	Ы	У	Е	Н	Ч	Ы	П	А	Т	Ш	А	А
Е	Г	Й	Т	Н	Л	Ч	П	Ө	И	Ь	А	Т	Ж
Ъ	Ә	Д	И	А	Г	О	Н	А	Л	Ь	Б	Е	Д
Б	Щ	Ә	П	Ы	Ч	Ж	Ч	Н	С	Ә	И	Г	У
К	Ң	Л	Ң	А	Ң	Е	П	Ь	И	Ъ	К	И	Ө
Ь	Һ	Ә	Ң	Ж	С	Ь	М	Ж	У	Д	Ә	Я	Ә
К	О	Р	Б	А	Н	С	Ц	П	Һ	К	Ю	Һ	Р
Г	Ж	П	К	Ч	Е	Н	И	Л	И	Ц	Я	Ы	Һ
У	У	Т	У	Р	Н	И	Р	В	Ф	О	Ш	У	Щ
Д	С	Е	И	А	Ъ	Л	Г	Т	Ю	Ь	Н	Җ	Ү
А	О	С	Н	У	С	Я	И	С	М	Ө	М	У	Җ

КАРА	УЕНЧЫ
ЧЕМПИОН	ПАТШАБИКӘ
КОНКУРС	КАГЫЙДӘЛӘР
ДИАГОНАЛЬ	КОРБАН
УЕН	СТРАТЕГИЯ
ПАТША	ВАКЫТ
ДОШМАН	ТУРНИР
ПАССИВ	АК

10 - Food #2

```
Л Ь Ф Һ Й Ө З Е М Д К Х А М
Ь Ц Җ Ң О Ы Н Ъ М Ф Ю Ж Р Ь
Б П П Ү М Б О Д А Й Ъ К Т Р
А А Һ Ө Ы Ч Ч Е Л Е Р И И Ч
Л Р К Ф Р И И Ә Ш М Ү Һ С Ш
Ы Һ И Л К Я Е Б О В Н Ъ Т Щ
К Һ В Т А Һ Ю Щ К А Л М А Ә
У Т И Щ Ч Ж Щ Ә О Ю Р Ъ В О
Ү Л О Ш Ы Ы А Ы Л Н Т В Ы Ү
Ң Ъ Д М Д Л Ш Н А Н Ч Г К П
Ю Л Ү Җ А Ө Һ Ж Д Ш Һ П Б Ү
Һ Ш М В Т Т Г Ө М Б Ә Ж Ь Ү
Б А Н А Н Л О Е Й О Г У Р Т
П Ш Т Б Р О К К О Л И Х М Л
```

АЛМА	БАКЛАЖАН
АРТИСТ	БАЛЫК
БАНАН	ЙӨЗЕМ
БРОККОЛИ	ХАМ
ЧЕЛЕРИ	КИВИ
ЧИ	ГӨМБӘ
ЧИЯ	ДӨГЕ
ТАВЫК	ТОМАТ
ШОКОЛАД	БОДАЙ
ЙОМЫРКА	ЙОГУРТ

11 - Family

```
О  Ү  Ө  А  Ц  Ц  Р  К  Ы  З  Ф  Ю  Л  И
Щ  Н  Е  Ф  Е  В  К  А  Р  И  Ң  Я  Ң  Т
П  Ц  Ы  М  А  Ә  Ө  И  Ү  Т  Ц  Ч  Щ  Ц
П  Ь  М  К  У  Ж  С  И  Ю  Р  Д  Ы  Г  Т
Ә  Ц  А  Ц  Ә  У  И  Ж  Р  С  Е  Ң  Е  Л
Р  Б  А  К  Н  Ш  Н  Ә  Т  И  Л  В  Ъ  О
О  А  И  Я  И  Х  А  Т  Ы  Н  Ж  Ъ  К  И
Б  Л  Б  Б  М  Ю  У  Ш  Г  Щ  Ф  Г  А  Л
А  А  Б  К  Ш  Ъ  Б  Г  Ш  Л  С  В  Р  Н
Л  Е  Б  А  Д  О  Щ  Л  Ә  Ж  У  А  Д  И
А  Н  А  Б  К  Ө  Л  Ә  Х  А  Д  Т  Ә  С
Л  Б  Б  Ы  Ы  О  Ц  Ө  Щ  Ч  Ң  А  Ш  Е
А  П  А  Й  Ч  С  Б  Ь  Щ  П  Ө  Я  О  һ
Р  Б  И  У  Ч  Ю  М  Х  Б  Ю  Я  Ң  Ш  К
```

БАБА	ИР
АПА	АНА
КАРДӘШ	ӘНИ
БАЛА	НЕФЕВ
БАЛАЛАР	НИСЕ
КОСИН	АТА
КЫЗ	СЕҢЕЛ
ӘТИ	АБЫЙ
ӘБИ	ХАТЫН
ОНЫК	

12 - Farm #1

```
С К Х Ң К А Р Г А А С У Х Щ
Л Ы А М О Ә Я Ә Ш В Ө О С Б
О Р Е Т Й Щ Җ Х Л Ы Я П С И
Д Б О Р М К Ә Ә А Л Е Б А С
Ө Щ И Ю А А О Й М Х Х А Ь О
Г Е Ң М Ъ Т В Ә А У Н Л Б Н
Е П Ү Ө Т А Ц Ү Н Җ Ы А Э Ф
О Р Л Ы К Л А Р Я А Ь Т Җ Щ
Б А Л Я Е Ү Х Б Е Л Я Һ С Ц
Т А В Ы К Е Ы В Ө Ы Ю Э Р Ю
Ь Е Ө Ң Ө С О Ы В Г Җ Т Ц О
Ю Г Ц Ф Ф П Щ Ә Е Ы Ю М У Д
Ф С Д Л Ж Ң А Ю Е Ш Р О М Һ
Я Г Н Ч Ю Ь Ь Г Х Ә Ь А Г Ю
```

АВЫЛ ХУҖАЛЫГЫ	КОЙМА
БЭ	АШЛАМА
БИСОН	КЫР
БАЛА	КӘҖӘ
КАТ	ХӘЙ
ТАВЫК	БАЛ
СЫЕР	АТ
КАРГА	ДӨГЕ
ЭТ	ОРЛЫКЛАР
ИНҮ	СУ

13 - Camping

```
Х Т А Б И Г А Т Ь Х Щ Б М Ж
А А Й А Д Ю У Т Ф Г Р Ө А В
Т У Й У У Ы Р У Х Ь П Җ Җ У
Р Ж Ч В С Е М Һ Щ А Ң Ә А Л
Л У П Ы А К А Р Т А М К Р В
Һ Ю Р Һ Л Н Н Т А У Ы М А Һ
Ң К Ү Л Ц Ы Н Җ С Б К Ь О У
Ю Е Ц В Ч Т К А Н О Э П Ә К
К О М П А С М Ф Р Җ Ь Д Д А
О Д О О Т Җ И Һ А З Р Һ Ъ Б
Ъ Җ Т Р Ы Ш Е Ц Е Ф Х Ч У И
Ы Ү У Я Р О Х А Щ Ю Н Ф Л Н
У Я Т Ө М Ө А М Ь Җ Я Ч Ү Я
К Ү Ң Е Л А Ч У Ь Е Е П Ю Ш
```

МАҖАРА	ХАТ
ХАЙВАННАР	АУЧЫЛЫК
КАБИН	БӨҖӘК
КАНОЭ	КҮЛ
КОМПАС	КАРТА
ҖИҺАЗ	АЙ
УТ	ТАУ
УРМАН	ТАБИГАТЬ
КҮҢЕЛ АЧУ	БАУ
ХАММОК	ЧАТЫР

14 - Conservation

```
П Ы Ч Р А Н У Щ Ң Х П Ю Ә П
Р Е Т Ш Ң Т Г Г Я Ц Х У Я Ц
П Ү С Ү З Г Ә Р Е Ш Щ Ш Ү Ъ
Ю И Ә Т Б И Т Ө Ы К Е К Ъ Э
П Б Л О И П А С О Ь Л Т К
А О А Т Ң Ц Б Н Ш Һ Ң И В О
Р Щ М Р У Х И Ә Ь О Щ М Җ С
С У Ә Ы Ж Н Г Д Ш Р Г А Ү И
П Н Т К У Д А Ч А Г Д Т В С
К К Л Л М П Т Я Х А Л И О Т
Ъ М Е Ы Р С Ь Ң Ө Н Ц Б У Е
Б Ю К Э К О Л О Г И К Р Х М
Б Е Л Е М Ә О У Ь К Ж Ә Ө А
Б Л Г К Ш Г Ж Л О Ц И К Л Ү
```

ҮЗГӘРЕШ	СӘЛАМӘТЛЕК
КЛИМАТ	ТАБИГАТЬ
ЦИКЛ	ОРГАНИК
ЭКОСИСТЕМА	ПЕСТИЦИД
БЕЛЕМ	ПЫЧРАНУ
ЭКОЛОГИК	ТОТРЫКЛЫ
ЯШЕЛ	СУ

15 - Cats

Ю	Ң	Т	Ү	Ъ	Р	Ь	Ө	И	Щ	Ң	Ө	К	Р
У	К	В	Й	К	Л	А	В	Л	Ү	Җ	Н	Ю	А
Ш	И	Т	Ы	О	П	К	Г	Б	Т	Ж	Ь	Н	Д
А	К	Ң	Ә	Я	К	Е	Ч	К	Е	Н	Ә	Ф	Ү
К	У	Ө	Ө	Л	К	Ы	З	Ы	К	П	Р	Г	Ю
Ь	И	А	Ш	В	О	Щ	В	К	Я	Р	А	Т	У
Т	У	Л	Д	А	У	Ч	Ы	Я	Ы	Р	Я	Р	Н
Ъ	С	Ә	Б	Р	Я	А	Б	К	Ү	Р	К	Щ	Ү
Ч	Б	П	Ы	Б	О	Н	Ә	О	Ш	М	Г	Х	Җ
Б	Н	Ц	Я	Ы	Е	Ю	Й	Й	Ә	Е	И	Ы	Е
Т	Ы	Ч	К	А	Н	Н	С	Р	Х	Х	К	У	Й
Ы	Ю	У	А	Л	М	Ъ	Е	Ы	Е	Щ	Ж	Ж	Н
Ы	Ю	Ш	Ч	Ф	Я	К	З	К	С	Ч	Е	Җ	Ү
А	С	Ү	Я	Л	Б	Ъ	Г	К	Ц	Х	Ю	Е	И

ЯРАТУ
КЛАВ
ШАЯН
КЫЗЫК
МЕХ
АУЧЫ
БӘЙСЕЗ
КЕЧКЕНӘ

ТЫЧКАН
АЯК
ШӘХЕС
ОЯЛ
ЙОКЫ
КОЙРЫК
КЫРГЫЙ
ЯРН

16 - Numbers

С	У	Л	Ь	У	П	Щ	Җ	А	Ы	С	Һ	Җ	У
У	И	Б	И	Ш	Н	Б	Ъ	Л	Ң	У	Е	И	Ч
Н	Ө	Г	Б	Л	Ы	А	Ө	Т	Д	Ж	Г	Д	Я
Д	Ч	А	Е	Ф	Ц	У	Л	Ы	Щ	Ү	Е	Е	Я
Ү	Ь	Г	Р	З	Н	Е	Ө	Т	Һ	А	Р	К	П
Р	Л	И	К	Е	Ю	Ә	Ә	Җ	Ы	Л	М	Т	Д
Т	У	Н	С	И	Г	Е	З	Е	Н	Ч	Е	У	Н
У	Н	И	К	Е	У	Н	Җ	И	Д	Е	Ү	Г	А
Н	Л	Е	Б	Ы	Н	Б	У	Н	Ө	Ч	Р	Ы	Һ
С	Ы	И	В	Е	Б	Ь	У	Җ	У	Н	П	З	Ә
И	А	Е	Ю	А	И	Г	А	Ң	Д	Л	П	К	П
Г	Щ	П	Г	Е	Ш	Ж	Д	Ө	С	Н	Б	Ж	Ц
Е	М	У	А	Ө	Т	Р	Ң	Г	Г	Ш	Ь	Н	Ю
З	Х	Җ	И	О	Я	Ж	П	Е	Ш	В	П	О	Һ

УНЛЫ	ҖИДЕ
СИГЕЗ	УНҖИДЕ
УНСИГЕЗЕНЧЕ	АЛТЫ
УНБИШ	УНАЛТЫ
БИШ	УН
ДҮРТ	УНӨЧ
УНДҮРІ	ӨЧ
ТУГЫЗ	УНИКЕ
УНСИГЕЗ	ЕГЕРМЕ
БЕР	ИКЕ

17 - Spices

```
С Ь Ф Е Н Н Е Л С Җ К У У Н
Щ У Ң Е Д А Р Ч И Н О Ъ А У
Ә Ш Г А Н М Ә Ү Г К Р Р И Т
Щ Я Р А Т У В Ө Я У И В Җ М
К С К Ч Н Я Г Л Җ М А А Ш Е
Ү А А Ы Т Б Ж Р Җ И Н Н Ң Г
Р Ф Е Ц Х О И Җ Е Н Д И Ш Е
Һ Р П А П Р И К А К Е Л М П
В О С А Р Ы М С А К Р Ь О Ә
Л Н А Ә П Ч Г Т А Т Л Ы Ю Н
Җ М К А Р Д А М О М Ь Д Т И
Ъ О Р И М Б И Р К З Ц Ө Һ С
О П И Р Т Л Ж Б Ы Д Ж Һ Б О
Ъ Ъ Җ Ъ Б Ъ Б Ъ Һ О Щ Ь Т Л
```

ӘНИС	САРЫМСАК
АЧЫ	ИМБИР
КАРДАМОМ	НУТМЕГ
ДАРЧИН	СУГАН
КОРИАНДЕР	ПАПРИКА
КУМИН	БОРЫЧ
КРИ	САФРОН
ФЕННЕЛ	ТОЗ
ФЕНУГРЕК	ТАТЛЫ
ЯРАТУ	ВАНИЛЬ

18 - Mammals

М	К	Н	Ә	М	Е	К	А	Т	Л	Ю	Ң	Ә	Ү
А	А	Я	Ь	Е	Г	Ж	У	Ю	Н	Х	Ү	Ө	С
Й	Н	А	Я	Р	В	О	И	Ћ	К	У	Я	Н	Ы
М	Г	Л	Л	Ъ	С	Э	Р	Р	Ш	Л	Щ	Ү	Ю
Ы	А	Щ	Я	У	А	Т	Ю	И	А	Ф	Ж	М	Д
Л	Р	Ө	А	Х	Р	Ө	Ң	У	Л	Ф	И	Л	Е
И	О	Е	А	У	Ы	Л	Ю	А	Б	Л	Я	Щ	Л
К	О	Й	О	Т	К	К	Ћ	Р	К	З	А	Ж	Ь
Ь	Б	К	Б	Ү	Р	Е	Ү	Ы	И	Е	С	В	Ф
Щ	Ы	Ң	Е	Ъ	Ү	Ц	Г	С	Т	Б	Ә	Р	И
Ъ	Я	Е	В	К	Т	О	Е	Л	Ь	Р	Ч	Ч	Н
Ц	Ь	Ө	Е	Г	Б	Б	З	А	С	А	К	Ө	Ь
П	П	Ң	Р	И	Ә	М	К	Н	М	Ж	Г	Ү	И
Я	Д	Щ	П	Ц	И	Ә	И	Л	О	Р	И	Ы	Р

АЮ	ГОРИЛЛА
БЕВЕР	АТ
ҮГЕЗ	КАНГАРО
КАТ	АРЫСЛАН
КОЙОТ	МАЙМЫЛ
ЭТ	КУЯН
ДЕЛЬФИН	САРЫК
ФИЛ	КИТ
ТӨЛКЕ	БҮРЕ
ЖИРАФ	ЗЕБРА

19 - Fishing

Я	В	Р	О	К	Е	А	Н	У	Ц	Y	Т	Х	С
П	Л	Я	Ж	Һ	Ө	Т	Г	Г	И	Л	Л	С	О
Ю	У	Р	В	К	Ф	Й	Ө	В	Y	С	В	А	П
Җ	И	Һ	А	З	Y	Ж	М	Л	Е	У	Ъ	Б	С
Б	А	Й	Т	Б	Y	Л	Ч	Ә	Л	Ч	О	Ы	Ь
Җ	О	К	С	А	Ч	Ы	К	Ц	Г	И	Щ	Р	С
Д	А	К	У	С	Ц	Х	Л	Ж	А	Ш	В	Л	Y
Ң	В	В	С	К	Ч	Ы	Б	Ы	К	Е	Щ	Ы	Х
Х	Ы	Ң	С	Е	Я	Һ	М	Щ	П	В	М	К	К
В	Р	Ь	Ф	Т	Т	Д	Я	М	В	А	Т	Y	Н
Ң	Л	К	Ы	К	Л	О	Т	Ъ	Җ	Ш	Y	Ж	Р
Ь	Ы	Җ	Ә	Y	Р	Ф	И	Н	С	Ң	Ң	Я	Ф
Р	К	Ы	Ң	Ц	Х	Е	Т	Щ	А	В	Д	Н	Ы
Ж	Т	Ш	Н	В	С	К	Һ	Ь	Ә	А	Т	Щ	Җ

БАЙТ
БАСКЕТ
ПЛЯЖ
КӨЙМӘ
ЖИҺАЗ
АЧЫК
ФИНС
ГИЛЛС
КЫК

ҖАВС
КҮЛ
ОКЕАН
САБЫРЛЫК
ЕЛГА
СУ
АВЫРЛЫК
ЧЫБЫК

20 - Restaurant #1

```
Р Ү Т И К М Ә К О Ф Е В А Р
С Һ Ш Н С Ы Й Л Ы К И Е Л Е
О Е Ү Г Х Г А К У Х Н Я Л З
У Җ А Р Б Ө Х З С Ъ Җ Т Е Е
С Ә Д Е С Е Р Т Ы К Ж Б Р Р
Н Ү Ь Д М Ъ С Ө Р К Җ Ю Г В
А Ы Ь И Т Е Ж О Ч Ө А В И А
П Ь Ң Е У Р Н Н Ш Т И С Я Ц
К Ц Л Н С Ә Т У Ж Ү А Ч Ә И
И Н Ъ Т А В Ы К Х У Ю Ч Р Я
Н Г Я Л Ц Ы Д В Б Ө Ю Д М Җ
И Щ Ж А П Ы Ч А К М Җ Ъ Г Д
Һ Ө Е Р Җ Һ В Җ Һ Җ Р Щ Н Н
Т Я Ц Ә Ү Н Ә О П Н У Б М Ц
```

АЛЛЕРГИЯ	ПЫЧАК
КАСӘ	ИТ
ИКМӘК	МЕНУ
ТАВЫК	НАПКИН
КОФЕ	РЕЗЕРВАЦИЯ
ДЕСЕРТ	СОУС
АЗЫК	СЫЙЛЫК
ИНГРЕДИЕНТЛАР	КӨТҮ
КУХНЯ	

21 - Bees

К	П	Э	Ж	К	М	Ш	Ю	П	С	Ц	Ү	Ф	Г
Щ	Ц	О	К	Ү	С	Е	М	Л	Е	К	Ж	Г	С
Ш	Җ	Ф	Л	О	К	О	Я	Ш	Л	Ң	И	Л	Л
Ң	О	Б	А	Л	С	Җ	С	М	И	Б	М	Һ	Л
Щ	К	Р	З	Й	Е	И	Я	Т	Җ	Ө	Е	Ш	Г
К	Ө	К	Ы	Ж	Д	Н	С	Ө	Б	Җ	Ш	Е	А
Ү	Ы	Х	К	Ъ	О	А	И	Т	Ч	Ә	Ч	Ә	К
Б	А	Л	А	В	Ы	З	Ч	Е	Е	К	Ь	Ж	В
Д	И	В	Е	Р	С	И	Т	Н	Н	М	Р	И	Б
В	И	Ч	Ә	Ч	Ә	К	Л	Ә	Р	Л	А	Н	А
П	О	Л	И	Н	А	Т	О	Р	Ы	Ъ	Е	Д	К
И	Ц	Х	К	А	Н	А	Т	Л	А	Р	Л	Ч	Ч
И	Ц	Ш	Ч	П	А	Т	Ш	А	Б	И	К	Ә	А
Х	В	Ы	Т	Н	В	В	Ә	Ъ	И	С	И	Ң	Е

ФАЙДА	БӨҖӘК
ЧӘЧӘК	ҮСЕМЛЕК
ДИВЕРСИТ	ПОЛЛЕН
ЭКОСИСТЕМА	ПОЛИНАТОР
ЧӘЧӘКЛӘР	ПАТШАБИКӘ
АЗЫК	ТӨТЕН
ЖИМЕШ	КОЯШ
БАКЧА	ИЛ
ВИЧ	БАЛАВЫЗ
БАЛ	КАНАТЛАР

22 - Sports

```
Б  С  Җ  П  Н  Е  Х  Ъ  Г  М  Ы  Ъ  Щ  А
Х  А  Ш  Ж  Ь  С  О  Җ  И  Ң  Ү  Ч  Е  Ы
М  Х  С  Г  У  П  К  Җ  М  У  Е  Н  Ч  Ы
Д  Ә  Е  К  Ь  О  К  П  Н  У  Е  Б  Х  Д
Т  Р  Е  Н  Е  Р  Е  Ы  А  С  П  Н  Ц  Ч
Ш  Ә  Х  У  Д  Т  Й  Ф  З  Т  Җ  Ж  Ч  Ы
А  К  Ү  Я  Т  Ч  Б  Х  И  А  П  Д  Е  Л
Ш  Ә  Ж  Щ  Ч  Ы  Л  О  Я  Д  У  П  М  Б
М  Т  Е  Н  Н  И  С  Ш  Л  И  Я  Ң  П  Г
В  Е  Л  О  С  И  П  Е  Д  О  Е  Һ  И  О
Щ  В  А  Т  Х  К  О  М  А  Н  Д  А  О  Л
Ә  Ю  Ъ  В  Е  Б  Е  Й  С  Б  О  Л  Н  Ь
Г  И  М  Н  А  С  Т  И  К  А  Ә  А  А  Ф
Ь  М  Ч  Р  Ы  Л  У  Г  Д  О  И  Ө  Т  И
```

СПОРТЧЫ	ГИМНАСТИКА
БЕЙСБОЛ	ХОККЕЙ
БАСКЕТБОЛ	ХӘРӘКӘТ
ВЕЛОСИПЕД	УЕНЧЫ
ЧЕМПИОНАТ	СТАДИОН
ТРЕНЕР	КОМАНДА
УЕН	ТЕННИС
ГОЛЬФ	ҖИҢҮЧЕ
ГИМНАЗИЯ	

23 - Weather

```
Г К Х Т К Э Л Ч Ө К П Ө Ә Ү
М Б В Б О П С Р Р П Ә Н Б Х
П О Л Я Р М Ң С Ө Г М Р Р И
Ң Т Җ Һ А В А К Е И А К И К
Я Ы Я Р Й Б Х Н О Л Б О З Ә
Ң Н Ш У Т У Н Д Е Р Е Л Ф Я
Г Ы Е К Р А Б Ң Ы Ң Ы К Ү К
Ы Ч Н Ж О Т О Р Н А Д О Ә Ы
Р К Е Ү П Ъ Н Х И В А Ш И Н
Ә Д Ә Һ И Л Н Ж Ө Һ Л Ф Ү Е
Ж Л Е Н К Ь Ы Ф Щ Ә Ң К К И
Ц Щ Ю Ң Т Ө Я Б М Ц Ф В Ъ Х
Т О Р М Ы Ш Җ И Л О Я Я Ц Ә
Т Т Ж Д А В Ы Л Ь Ю Щ Ш Ч Ө
```

БРИЗ	АЙ
ТЫНЫЧ	ПОЛЯР
ҺАВА	ЯҢГЫР
ЯКЫН	КҮК
ТОРМЫШ	ХИКӘЯ
КОРЫ	ЭССЕЛЕК
ТОМАН	ТУНДЕР
ДАВЫЛ	ТОРНАДО
БОЗ	ТРОПИК
ЯШЕН	ҖИЛ

24 - Adventure

```
Ө П П А Е Я М Т Ь Ч Щ Ө К Ъ
Д С Р Ч Ж Ц Т А Б И Г А Т Ь
Э У Ъ Я Н Ә З Е Р Л Е К Я Һ
К Р С Ш А Н С И Д Ш Я Ң А Е
С Ы Ч Л Ь Ц С Ы У Н Р Ә Ә Ю
К Н М Б А Т Ы Р Л Ы К У И М
У А К А Ә Р Р Е Р Е Ү Ь Т Ө
Р В У Н Т С Э А М У Ь Р Ө М
С И Р О Л У Ш Ә Х Д Ш Ж Е К
И Г К Ш А Ь Р Ң Щ Т А Ь Ң И
Я А Ы Ч Е Ң Ю Л Ч С Т Х Б Н
Ж Ц Н Ъ У Щ А В Ы Р Л Ы К Л
Г И Ы И Т Н П Ө И К Ы Ш Ү Е
Щ Я Ч Ф Ч Г М Р Н Т К Ә Ь К
```

ЭШ	ДУСЛАР
МАТУРЛЫК	МАРШРУТ
БАТЫРЛЫК	ШАТЛЫК
ШАНС	ТАБИГАТЬ
КУРКЫНЫЧ	НАВИГАЦИЯ
УРЫН	ЯҢА
АВЫРЛЫК	МӨМКИНЛЕК
ЭКСКУРСИЯ	ӘЗЕРЛЕК

25 - Circus

```
Т Ы Л С Ы М Ч Ы Һ А М А Җ Ъ
Ы У Г Ц Ш П А Ш Д Ч А К Х В
В Һ Ю К Л О У Н Я Ү Й Р Л Д
Ю Р Ч А Т Ы Р Ъ А Е М О Һ Ь
Ь Ъ Җ Н А Х Р Ө Ь Д Ы Б У Х
Ө К Ү Д М П А Р А Д Л А И К
А О Щ И А К Ч Й Ъ Л Ы Т Н М
Р С Е Е Ш С Ү Ю В М А Г И Я
Ы Т Ц Г А Җ Е Р Л А Л Я О Ы
С Ю Ж С Ч Р Ә П С Б Н Н У Е
Л М У З Ы К А Ц Щ Ө А Н Е С
А А Ъ У Ю Җ Д Ф Ө Ы Т Р А С
Н А Н Т Т Ө Б И Л Е Т Ъ Ы Р
А Т О Ә Ж У Г Л Е Р Ц П Ң С
```

АКРОБАТ	ТЫЛСЫМЧЫ
ХАЙВАННАР	МАЙМЫЛ
КАНДИ	МУЗЫКА
КЛОУН	ПАРАД
КОСТЮМ	КҮРСӘТ
ФИЛ	ТАМАШАЧЫ
ЖУГЛЕР	ЧАТЫР
АРЫСЛАН	БИЛЕТ
МАГИЯ	ЮЛБАРЫС

26 - Tools

Ч	Ө	Р	Б	Һ	Я	һ	Җ	Щ	Т	Җ	П	Н	Ц
Ф	Ү	Ү	Ң	Ш	П	Ь	Л	Е	Ә	Ә	Г	Я	У
У	К	К	М	А	Г	Ч	О	Н	Ю	Т	О	К	Н
Р	Р	А	Е	Х	К	Ш	Ь	Ч	С	Л	И	Б	Ю
К	Е	М	Б	Ч	Ә	Ч	П	Т	П	Ы	Ч	А	К
Ш	Б	Ж	Ц	Е	Н	Х	М	Р	Ү	Ү	Т	У	Ц
К	А	Й	Ч	Ы	Л	һ	Р	А	С	Ш	Ә	Ы	Н
Н	С	А	Д	Д	Ң	Ь	Ф	З	Ы	П	Г	Ь	Н
С	К	К	В	Ч	Н	Ю	А	О	И	Л	Ә	А	Җ
М	Ы	С	Е	Ж	Х	Г	К	Р	К	Ь	Р	Ю	У
Я	Ч	Е	М	А	Л	Л	Е	Т	Ө	Е	М	Ң	О
Н	О	Ъ	П	Л	һ	У	Л	Ш	Р	Л	Ә	Ф	Г
Ң	Ю	Р	Т	М	Ь	Е	Д	Ә	Ә	П	Ч	Ч	Т
Х	Ч	Х	А	Н	К	Х	Ө	К	К	Я	У	Ж	һ

АКСЕ	РАЗОР
КАБЕЛЬ	БАУ
ГЛУЕ	КАЙЧЫ
ЧҮКЕЧ	ШПР
ПЫЧАК	КӨРӘК
БАСКЫЧ	ФАКЕЛ
МАЛЛЕТ	ТӘГӘРМӘЧ
ПЛЬЕ	

27 - Restaurant #2

```
К А Ш Ы К Җ О Ы У Х Щ Ы Ы Ю
Җ И М Е Ш Ы Ф О Р К П В С Ө
С Д Ч Л Ъ Ә С Е Ы М Ы Ф Щ Ч
С М В К Л Д Ү П Н У Д Л Ь Ш
Е Г П М Е Б Е Р Д Ң О П Ң Р
Й Л У Г Р А Я Ч Ы А Ж Е Ш Җ
Н О Ә Җ Т Л Ш М К Т О Р Т Б
Ә Ф М Щ Х Ы Е Ю О Ф Ж Е Р Х
С М Ю Ы Х К Л Ә Х М Ү Ф Щ С
С У Л О Р К Ч Б А Ш Җ Г Б Ң
Т А М И Б К Ә Т Ә М Л Е К Җ
һ С Л И О Ң А О Җ И Г Җ Ь Ж
П Ң Ц А З Ф һ И Р П Г Ь Б Ж
К Ш О Т Т О З С В Ъ У Л К У
```

ТОРТ	НУДЛЬ
УРЫНДЫК	САЛАТ
ТӘМЛЕ	ТОЗ
КИЧКЕ АШ	АШ
ЙОМЫРКА	КАШЫК
БАЛЫК	ЯШЕЛЧӘ
ФОРК	ОФЖЕР
ҖИМЕШ	СУ
БОЗ	

28 - Geology

```
С Д Ч Ә Ц Ч Ь Ы Е К К М В С
В Т К Ч К И Ү Ү Р Г Ы Ә У Ч
Н Н А Е Х А К Ө Д К Й Р Л Г
О Ө Л Л Е У В Л У Н Т Җ К Е
Ң С Ь Е А Ь М Е Л Ъ Г Ә А Й
Е Я Ц К С К Р Ь Р А А Н Н З
Т Ф И Ъ Э У И Ь О Н Р П М Е
А Т Й К Р И С Т А Л Л Л А Р
Ш Ь Ь О О Н Л А В А П А Ф У
Ц З П К З К А Т Л А М Т О В
Д М Җ В И Ц П Т Ө К Н О С Һ
Ә Ю Ң А Я Ф Д Т Я С Ө Л С Ы
Ү Ь А Р Т Ю Ч Ү Б Л С Щ И Ы
Ж Р Д Ц Б Ү Т З И Л З И Л Ә
```

ӘЧЕЛЕК	ГЕЙЗЕР
КАЛЬЦИЙ	ЛАВА
КАВЕРН	КАТЛАМ
КЫЙТГА	ПЛАТО
МӘРҖӘН	КВАРЦ
КРИСТАЛЛАР	ТОЗ
ЦИКЛЛАР	СТАЛАКИТ
ЗИЛЗИЛӘ	ТАШ
ЭРОЗИЯ	ВУЛКАН
ФОССИЛ	

29 - House

```
Һ Җ А М Ш Б Г Ы Б Ә Н А Ж В
С И И Г Ы Л А К Ө З Г Е Л Ә
Ч Ш Л Һ Б А Р А Ч К Ы Ч М Д
Җ Е А М А Ъ А М Ю Д У Ш П Ы
Ж К М А К З Ж И Ә Ч А Щ О Д
Н Ү П Ф Ч Д Ц Н Е Ч Д С Д Җ
Р А А Ш А Т Ә Р Ә З Ә Т В Ю
К И Т А П Х А Н Ә М Җ Е А Ь
О Ж Т Ч К Ь Е Т Ы Г Ш Н Л М
Й Щ И Т Б У М Щ Ю Һ Җ А Ы Ң
М В К Д Ү Ш Х Ү Ь С Ы Ә Т Р
А Щ Ч Ш Ц Б Ш Н Б П Һ Ю Ш Ө
Ь Һ Ү О Ф Ү Ә Ъ U S E И О Щ В
К А Р Т Ы Б Ү Л М Ә Н Г Ч А
```

АТТИК	АЧКЫЧ
ПОДВАЛ	КУХНЯ
БУМ	ЛАМПА
КАРТЫ	КИТАПХАНӘ
ИШЕК	КӨЗГЕ
КОЙМА	ТҮБӘ
КАМИН	БҮЛМӘ
ҖИҺАЗ	ДУШ
ГАРАЖ	СТЕНА
БАКЧА	ТӘРӘЗӘ

30 - Comedy

```
А К Ы З Ы К Ц Е Я Я Һ Ч Т Ж
Л Л Ч У Ө Ь Е Х Ч Н И Р А Н
К О О Ш Х Ъ Т Ы Ә Н К Ц Ю О
Ы У Җ Ү Т Ю Ю К П Ъ П Җ Х И
Ш Н И М П Р О В И З А Ц И Я
Л Н Ж А К Т Р И С А Р Я Ч Т
А А У Д И Т О Р И Я О Ф У Т
Р Р К Т Е А Т Р Ф Ы Д Ю Н К
Ц У Ү Т И Җ Е Ө Ц Ф И П В Ц
К Ө Л Ү Е О И И В П И П Ә Ң
Ю Э К С П Р Е С С И В Җ Ү Р
Ц М Ж Я Я К Ү Ң Е Л А Ч У О
Н Ж О Т Е Л Е В И Д Е Н И Е
П Х Х Р С Ң Х Ң Р Ф Т Ь Ы Д
```

АКТЕР	КЫЗЫК
АКТРИСА	ЮМОР
АЛКЫШЛАР	ИМПРОВИЗАЦИЯ
АУДИТОРИЯ	КӨЛҮ
КЛОУННАР	ПАРОДИ
ЭКСПРЕССИВ	ТЕЛЕВИДЕНИЕ
КҮҢЕЛ АЧУ	ТЕАТР

31 - Bathroom

```
Ү Р Д С А Җ Ь В М Ә И У П П
Ю А У У А Н Г Ш И Р Е Н Е Щ
У Б Ш Ү Х Б Ә Д Р Ә Ф М Р Ң
Ю Ч Һ Б С Ь Ы Е П М А Я Ф Л
Ф П Щ Х В Ө Ж Н Б Ь Ө Ш У Е
Ш Ж Х В И Р Л К А Й Ч Ы М Р
П Г Ю С Б Х Е Г Ы Ю Ө М Ш Ы
К А Ь С Ы А К Л Е Ө Ь Л Ә Ъ
Ь Ө Җ И Ч Ө Ф О Щ М Ң Д Ж Ю
К М З Ү Һ Б А Т Ю Ө У А Я Һ
У Н Е Г Ә Н Ү И М Ъ Т К Б Ш
Х Җ Т Җ Е У О О Х П Ф Ө П Ш
И Я П Ө Ч Б Ө Н Ь Ъ Л Ң А Һ
Ш А М П О Р Ю Г Һ Ы Р Щ Р Ө
```

БАТ	ДУШ
КБШ	САБЫН
ЛОТИОН	ИРЕН
КӨЗГЕ	ПАР
ПЕРФУМ	БӘДРӘФ
РЮГ	СӨЛГЕ
КАЙЧЫ	СУ
ШАМПО	

32 - Dance

```
Э Ч В И З У А Л Ь Л Ф Х Ч Ө
М К Л А С С И К П О С Т У Р
У Х С Х О А А К А Д Е М И Я
З П Ә П И О Я В Р К Ы Я Ч Х
Ы Y Ф Р Р Е П Е Т И Ц И Я О
К М Ф Л Ә Е Ә Ш Н Х И С Р
А Ә Д Ә Ъ К С Т Е Ф Ю А Ә Е
Ш Д Л Ы Я М Ә С Р Ь И Б Y О
М Ә Д Ә Н И Ш Т И Л Е Ф Д Г
Р Н Ч Ш А Т Б Ц Ю В Р Ъ Ә Р
Ю И Л Ф Л Р Ъ П А Х Ң Е Б А
И Я Т Җ Х А П А Н П Ж Ф Т Ф
Н Т Ә М Ә Р Х Ә М Ә Т Ф Е И
С Ә Н Г А Т Ь Л Y В Я Ц Ъ Я
```

АКАДЕМИЯ

СӘНГАТЬ

ТӘН

ХОРЕОГРАФИЯ

КЛАССИК

МӘДӘНИ

МӘДӘНИЯТ

ХИС

ЭКСПРЕССИВ

МӘРХӘМӘТ

ШАТ

ХӘРӘКӘТ

МУЗЫКА

ПАРТНЕР

ПОСТУР

РЕПЕТИЦИЯ

РИТМ

СӘҮДӘ

ВИЗУАЛЬ

33 - Colors

```
Ц Ц С Ю Ю В А Н Ы Ф Е Ә Ч Щ
В О Б И Ь И Т К Б У Д Х Б Ь
А Ц К Ы З О Д Һ Ч Ч Ф Ң И Щ
А М И С П Л О Ә Х С Я С Г Ь
К А Р А Ъ Е С Җ Ь И Ш Ж Л Ю
Ө Л Ң И Н Т Җ Е Ь Я Е Ө Б У
Р К Ы З Г Ы Л Т П Щ Л Ү М И
Ә З Ә Ң Г Ә Р Д Д И М Д А Ы
Н Ч А Ә К Т Ц Н Б Н Я Җ Г Д
А Ц И А Ы С Ь У Щ Д П Ә Е Ң
Ү О К Ю З А Х Ф О И С Ю Н Ә
О Б Э Ж Ы Р Ң Т Б Г Р Ә Т Ь
Б Л У Е Л Ы Т Һ С О Р Ы А К
Х Л Е Т Г Н Н Ф М А К С А Т
```

КЫЗ	МАГЕНТА
БЭЖ	КЫЗГЫЛТ
КАРА	АЛ
ЗӘҢГӘР	МАКСАТ
КӨРӘН	КЫЗЫЛ
ЦИАН	СЕПИЯ
ФУЧСИЯ	ВИОЛЕТ
ЯШЕЛ	АК
СОРЫ	САРЫ
ИНДИГО	

34 - Climbing

С	Л	К	Г	В	Р	Ө	Ь	Д	В	П	Б	Л	Ц
Ң	Ю	Ъ	У	Х	К	М	П	Щ	Ъ	Щ	О	Ф	Т
К	Ы	З	Ы	К	С	Ы	Н	У	В	Ж	Т	Ю	О
Ө	Ц	У	Җ	Ө	К	М	Һ	А	Ъ	Ш	И	Е	Т
Ч	Б	Б	И	М	Ф	С	Б	А	Ң	Ф	Н	Р	Р
Ә	В	Ч	Р	К	Ә	Ч	Ь	Ш	В	Е	К	П	Ы
П	С	О	К	Т	Щ	Г	Һ	Ц	Ң	А	А	Р	К
Л	М	Ә	Җ	Б	Т	А	Ш	Х	И	Р	Ә	Л	
Ы	Ь	М	Г	Ф	Ә	А	Щ	Р	Л	Б	Ә	Г	Ы
Һ	В	Ө	Д	Ж	Ф	Р	Ъ	Һ	Ә	Е	Т	Л	Л
Н	Ң	Б	Б	Б	И	Е	К	Л	Е	К	М	О	Ы
Ф	О	С	Е	Н	З	Щ	Ж	С	Х	Ъ	Ч	В	К
К	А	Р	Т	А	И	Ү	Ң	Я	Ә	О	Һ	Е	Ө
И	Щ	Ъ	У	Э	К	С	П	Е	Р	Т	У	С	Ы

БИЕКЛЕК	ШЛЕМ
ҺАВА	КАРТА
БОТИНКА	ТАР
МӘГАРӘ	ФИЗИК
КЫЗЫКСЫНУ	ТОТРЫКЛЫЛЫК
ЭКСПЕРТ	КӨЧ
ГЛОВЕС	ҖИР

35 - Shapes

```
Р Б Ф Җ Ш Ц Ж Ф П О Ч Т Д П
Т Е Ң Н Г И П Е Р Б О Л А И
Ь Я К О Н Ж В Щ И В Ң Л И Р
М Я Ә Т Л Ә С Ы З Ы К С Р А
К О К Ж А А Р Ж М Ы Щ С Ә М
Ф Х Р Ъ Җ Н Р Б А Ә В У Т И
Р Ь Е Е П Е Г К Л Ү Ц У Б Д
М И Ф Л С Н Ж Л Ө Н Ң Ү Ж А
Т Ф Ц И О В А Л Ь О Д Ж С Ю
А Ц Ч Б К У Б Е Ф М Ы В А Е
Б Э Ө Ч П О Ч М А К Ю А Ц Л
Ц И Л И Н Д Р Ш Г Ө Х Ю Ш С
Х В Ө П О Л И Г О Н Е У Г А
Ъ Ц Ъ Ъ Ә Щ Ш Р М К Ъ А Т О
```

АРК	СЫЗЫК
ДАИРӘ	ОВАЛ
КОНЖ	ПОЛИГОН
ПОЧТ	ПРИЗМА
КУБЕ	ПИРАМИДА
КӘКРЕ	РЕКТАНГЛЬ
ЦИЛИНДР	ЯК
ЭЛПӘ	ӨЧПОЧМАК
ГИПЕРБОЛА	

36 - Scientific Disciplines

```
С Б О Т А Н И К А Х Т И Ф А
Р О М И Н Е Р А Л И Я Т Ү П
Ц И Ц Ф А Г П Д Я М М Е Г С
Њ М Э И Т Е У Ъ Ц И Е Р Њ И
А М К З О О Ж Ь Т Я Х М Ћ Х
Р У О И М Л Я Ө Д Џ А О Р О
Х Н Л О И О Г Б Л Н Д Б Л
Е О О Л Я Г Л Г Г Ћ И И И О
О Л Г О Ы И Н К И Б К Н О Г
Л О И Г Ш Я Џ У Ь Я А А Х И
О Г Я И А С Т Р О Н О М И Я
Г И М Я Џ Њ Щ Г Ь А Г И М В
И Я Ч Б И О Л О Г И Я К И Д
Я Н Е В Р О Л О Г И Я А Я Ц
```

АНАТОМИЯ	ИММУНОЛОГИЯ
АРХЕОЛОГИЯ	МЕХАНИКА
АСТРОНОМИЯ	МИНЕРАЛИЯ
БИОХИМИЯ	НЕВРОЛОГИЯ
БИОЛОГИЯ	ФИЗИОЛОГИЯ
БОТАНИКА	ПСИХОЛОГИЯ
ХИМИЯ	СОЦИОЛОГИЯ
ЭКОЛОГИЯ	ТЕРМОДИНАМИКА
ГЕОЛОГИЯ	

37 - School #2

```
Җ Ч Ч Я У У Ъ Д К Ф Ч А Ф К
И К К Ч Е К И Т А П Л А Р О
Э А Ә О Н Ы Ъ Б Л Ң Ф Ю Ә М
Ъ Р Г Е Н Т Я Ц Е Я Җ Б Д П
У А А Ю А У Э Ф Н Л Ч Е Ә Ь
Л Н З З Р Ч Ш Ә Д П Е Ь Б Ю
О Д Ь Ч Е Ы Л Н А Ф П М И Т
Ү А Ф Я Н Р Ә Ж Р Х Ю К Я Е
С Ш О Т Р Д Р Җ Б Ң Е П Т Р
Ю Ш Н Н Ь Н У А Т Е Ы И Ж К
А В Т О Б У С С Ү З Л Е К А
А К А Д Е М И К Л Ъ Я С Ш Й
К И Т А П Х А Н Ә А Л Д В Ч
Г Р А М М А Т И К А Р И Щ Ы
```

АКАДЕМИК	УЕННАР
ЭШЛӘР	ГРАММАТИКА
КИТАПЛАР	КИТАПХАНӘ
АВТОБУС	ӘДӘБИЯТ
КАЛЕНДАР	КӘГАЗЬ
КОМПЬЮТЕР	КАРАНДАШ
СҮЗЛЕК	ФӘН
БЕЛЕМ	КАЙЧЫ
ЭРАЗЕР	УКЫТУЧЫ
ДУСЛАР	ЯЛ

38 - Science

```
Ф Ф Ф Я И Г Г Ң К Г Э Щ Ф Ы
Х И М И К А Ү М Л Р В Ц О С
Л Б З Ә В Л А Ә И А О Ю С У
Г Ө Т И Д И Т Г М В Л Ф С Л
Т И Җ Л К М О Ъ А И Ю А И Щ
Ц Ә П Б И А М Л Т Т Ц К Л Ч
Ъ Ч Җ О Ә Х Щ Ү Ь А И Т Ж С
Ң Җ Ч Р Т Ю Х М С Ц Я И Р С
Ү Ь Ю Б И Е Т А Б И Г А Т Ь
Ы Н М Ж К Б З Т Ш Я Н Ю Х Е
Ө У А Г С О Ә А Һ Ь И Ы В Ы
М И Н Е Р А Л Л А Р Ж Җ Ъ Ж
Ү С Е М Л Е К К И С Ә К Ч Ә
М О Л Е К У Л А Л А Р Н Ф Н
```

АТОМ	ГИПОТЕЗА
ХИМИК	ЫСУЛ
КЛИМАТ	МИНЕРАЛЛАР
МӘГЪЛҮМАТ	МОЛЕКУЛАЛАР
ЭВОЛЮЦИЯ	ТАБИГАТЬ
ТӘҖРИБӘ	КИСӘКЧӘ
ФАКТ	ФИЗИКА
ФОССИЛ	ҮСЕМЛЕК
ГРАВИТАЦИЯ	ГАЛИМ

39 - To Fill

```
Р Ш Ъ Я Ү Ч Х К В И Ч Ф Ч Ң
Ү А Е В Ө Б Ц Ө В Ә Е Ъ И Л
Ъ О М Ш В А Т Е Р Ь М К Л Ь
У Ь Г К Ә Г Ж Б Т У О О Ө Е
П Ң К Е А П А П К А Д Н К К
Т В А С Х Х Р Ю А Ф А В А Щ
А Ц Р Ә М И Ч К Ә Б Н Е Л О
Ш Б Т У Б Е Ж Н С А Ү Р У Ю
Ю Е О И Ц И Җ Л Я С Һ Т С Л
Ү Җ Н Ү Д Г Я Б Һ К Г Ә Ъ Л
Ң Һ К Ь Җ Л Ө Ъ Т Е У Ы Я Р
О В Е Е Е Л Ф Ы Л Т Ү Х Р У
Ү О Е Л Ө К Ы В Һ Ч П А С Г
Щ Х Ъ И Б А У Ф Җ П А Щ Ъ Е
```

БАГ	КОНВЕРТ
МИЧКӘ	ПАПКА
БАСКЕТ	ЖАР
ШЕШӘ	КЕСӘ
РАМКА	ЧЕМОДАН
ЧИЛӘК	ТУБЕ
КАРТОН	ВАС
ВАТЕР	

40 - Summer

С	Ь	Ъ	Щ	Х	Ж	Ы	А	Б	У	И	Й	Ш	Р
И	А	Г	А	И	Л	Ә	З	А	Е	Ж	О	О	С
К	Т	Н	Д	А	Җ	Ь	Ы	К	Н	Х	Л	М	Ъ
Е	К	Ә	Д	Ң	М	У	К	Ч	Н	Ө	Д	Ц	Ш
Р	Д	Ы	И	А	В	В	Ю	А	А	Л	Ы	Ф	Р
Ү	Ц	Ч	Җ	П	Л	Я	Ж	Ь	Р	Г	З	Ж	С
А	Ц	Г	С	Ш	С	Ә	Я	Х	Ә	Т	Л	Ә	Җ
Ө	М	Я	Л	Ж	А	Ю	Т	Б	К	Ң	А	П	Т
Д	У	С	Л	А	Р	Т	У	И	Г	В	Р	Д	Ү
И	З	Җ	А	Ә	Ә	У	Л	Җ	М	Р	И	Ж	О
Ң	Ы	Е	Ш	Я	П	Һ	Х	Ы	Щ	И	Ф	Д	Ә
Г	К	И	Т	А	П	Л	А	Р	К	Ц	К	Х	Ю
Е	А	В	М	К	А	М	П	И	Н	Г	Р	С	Ш
З	К	Д	Ө	А	П	Р	Щ	Р	Т	Ә	Х	Р	Х

ПЛЯЖ
КИТАПЛАР
КАМПИНГ
СИКЕРҮ
ГАИЛӘ
АЗЫК
ДУСЛАР
УЕННАР

БАКЧА
ШАТЛЫК
ЯЛ
МУЗЫКА
САНДАЛ
ДИҢГЕЗ
ЙОЛДЫЗЛАР
СӘЯХӘТ

41 - Clothes

```
П А Л Ь Т О Һ У В Ц Л Г С М
Л А Ч Ы К Җ Р Е Ш Ы М Щ К Ы
Е П Ж Б У Ю Ю Ә Щ О Б Щ А М
Е Р Х А Т Б Г Л О В Е С Р О
Р О Щ П М С А Н Д А Л В Ф Д
К Н С П У А Ъ И И Т Ә К Ч А
С Б А Ә Е Ш С Ң Р Ф З К П Ө
М Ы Р Ы Н Р Д К Д Ж Е К Е Т
Ә К Ф С С А Ю Е Х Һ К Н Ь Ь
Һ Ө Ү Һ А Ъ Е Я Җ Ц М Б Ф П
Ф Б И Л Б А У Ө Җ Х Һ Т Ң Ө
Ь В М У М К А Р Ы Ы Щ У Щ Җ
Ж А Н С Ф Ә Ү Ф О Ж Ү Д К И
Е С Я Ә Ф Х К Я У Ъ Ь У У Ә
```

АПРОН	ЖАНС
БИЛБАУ	МУЕНСА
КАРЫ	ПАЖАМАС
БЕЛӘЗЕК	ШЫМ
ПАЛЬТО	САНДАЛ
АЧЫК	СКАРФ
МОДА	КҮЛМӘК
ГЛОВЕС	ШОЕ
ХАТ	ИТӘК
ДЖЕКЕТ	ПЛЕЕР

42 - Insects

```
М Г Ч Е Р К И Т Л О К У С Т
Г А С П У Ф Л Е А Ц Ч Ф Ю Н
Ө Х Н А О Ш Ү Р В Д Ж В Ф Ч
К У Ү Т Р Ь М М Ш Њ Ц Ө Т И
Ч Ц Р Ы И В М И В К И Х Г К
Л А Р В А С Ә Т Ь Њ Л К Ь Е
К О К Р О А Ч Д Ж Њ К Я У Р
К Ү Б Ә Л Ә К Һ Г Т Е Щ Д Т
У Ю О Э Ш Х Ң Ж К М Н Р Б К
С Т Р Е К О З А А Н Т О Е Ә
Ъ Ф Ш Ъ С Р К Ф М Д Н Ж Г Ж
Ө Г Н А К Н Ц И К А Д А Е Р
Ы Ж К Л Ъ Е Ә Д А Ж Е Һ Л Џ
Д Г С Р Ф Т Т Ц Г Е В Г Ц Р
```

АНТ	ЧИКЕРТКӘ
АФИД	ХОРНЕТ
БЭ	КАМКА
БЕГЕЛ	ЛАРВА
КҮБӘЛӘК	ЛОКУС
ЦИКАДА	МАНТИС
КОКРОАЧ	ЧЕРКИ
СТРЕКОЗА	ТЕРМИТ
ФЛЕА	ГАСП
ГНА	ЭШ

43 - Astronomy

```
Г Д Р Ю У Ц Ө Э К И Н О К С
Н А Й Е Х Е К О Ә Ү Ю С Ь А
С Е Л У У Һ Ю К Е Х К Н К С
У О Б Ә Ь П Ц Щ Ш М П Щ Җ Т
П Я Н У М П М Җ И Р Л Т А Р
Е Ө У И Л Р Р Һ Я Й А Ф Х О
Р А Р Е Б А С Т Р О Н О М Н
Н С Л Ө Ш К Ү О Ч Л Е У Г А
О Т А Ф С Е Ц Т Е Д Т Р Д У
В Е Н Я И Т М Ы Н Ы А Ә Д Т
А Р Ы Ь Л А Е Л Я З И А Ф Г
Һ О Ш П Х Е Ю У К Л М Ө У Ю
В И М Е Т Е О Р Ү Ы Ь Ю Ө В
Ө Д Ы А У Г А Л А К Т И К А
```

АСТЕРОИД	АЙ
АСТРОНАУТ	НЕБУЛА
АСТРОНОМ	ПЛАНЕТА
ЙОЛДЫЗЛЫК	НУРЛАНЫШ
ГАЛӘМ	РАКЕТА
ҖИР	ИЯРЧЕН
ТОТЫЛУ	КҮК
ЭКИНОКС	СУПЕРНОВА
ГАЛАКТИКА	ОЯ
МЕТЕОР	

44 - Pirates

```
Р Ь Ч С Ә О К В Р К Я Ү Щ Х
К У Р К Ы Н Ы Ч И О Г Ы Җ Ә
Җ Т М А Ь А Ц Ф В М Ц О О З
Г Р С Р Ш Ч Ц М А П Л Я Ж И
И А Ш Һ Җ А П Х Я А М Щ Л Н
П У У Г Н Р Я А Т С А М Ь Ә
Ъ Ю Т Ә Ң К Ә Т Ь Ч Җ Ә Ф У
Ж Ү Щ У Ф Б Ө И С Һ А Г Х Ь
К А П И Т А Н Й Х Е Р А Б Ш
Ы В Ф Л А Г Ч К М К А Р Т А
Һ Е К Я К О Р Ь Ы Ә Ү Ә Һ У
А Л Т Ы Н Ү А Д Ь Л Ч В П Л
Т У Т Ы Й Г У Н Р Һ Ы Һ Л Һ
Д Җ Д Ц Ы Т Ю Ф Ү Л Я Ч Ц Һ
```

МАҖАРА	ФЛАГ
ЯКОРЬ	АЛТЫН
НАЧАР	УТРАУ
ПЛЯЖ	РИВАЯТЬ
КАПИТАН	КАРТА
МӘГАРӘ	ТУТЫЙ
ТӘҢКӘ	РУМ
КОМПАС	СКАР
КӨЙМӘ	КЫЛЫЧ
КУРКЫНЫЧ	ХӘЗИНӘ

45 - Time

```
Х Ь Ш Ф Ч Ң С П Б Ъ Ш П Г К
Ә Ж В Я В Б Л Ә Ү Х Ч Ә Ш И
З О Җ А Ә А Һ Ү Г И Р Т Ә Ч
Е Ф Я Ъ Ш Ъ Ъ П Е А Д Е Х Ә
Р Б С Г Р Б Ф Э Н Й Т Т Ө Н
С О Н А К Н Е Л Ң Е Л Ь П М
Ң Ә Х Ч Җ О Ц Е Л Л Ы К С И
Ж К И Л Ә Ч Ә К Ө Т Ч Б О Н
Е Ә Н К К А Л Е Н Д А Р Ң У
Н Ш Ң О Ө Т Д Т Ж И В Р Щ Т
Г А С Ы Р Н Е Ө П Ү П И Ш Ө
Ц А Җ У Ь А К Ш У Ә Ө М Ч Ъ
Һ Ө Ң К Д Ш А К Т Ң К Һ Ү Ъ
Щ М М Ф Ы М Д Ю Ь Ж Ш С Т У
```

СОҢ	АЙ
ЕЛЛЫК	ИРТӘ
ЭЛЕК	ТӨН
КАЛЕНДАР	ТӨШ
ГАСЫР	ХӘЗЕР
КӨН	СОН
ДЕКАД	БҮГЕН
КИЛӘЧӘК	АТНА
СӘГАТЬ	ЕЛ
МИНУТ	КИЧӘ

46 - Buildings

К	А	Б	И	Н	Җ	Ң	М	Ң	Л	Ы	Д	Л	Я
С	Т	А	Д	И	О	Н	У	Һ	Х	Ү	А	А	О
Ш	У	Ц	М	Ң	Х	Х	З	А	В	О	Д	Б	Б
Ж	Т	П	Х	О	С	Т	Е	Л	Җ	Җ	К	О	С
И	Л	Ч	Е	Л	Е	К	Й	Һ	Щ	Е	У	Р	Е
Б	Ж	Б	У	Р	Л	К	И	И	Е	Я	Н	А	Р
Ф	А	Т	И	Р	М	Ч	И	Ө	Г	Т	А	Т	В
Ы	Ж	Р	Щ	Е	Ү	А	И	Н	Ч	Е	К	О	А
Ь	Ц	Л	Н	М	В	В	Р	Ж	О	А	Х	Р	Т
М	А	Н	А	Р	А	Б	Ъ	К	Җ	Т	А	И	О
М	Ә	К	Т	Ә	П	Ц	П	А	Е	Р	Н	Я	Р
Щ	У	Ц	Я	Ы	М	Р	Г	С	П	Т	Ә	Т	И
Т	Ю	Ю	Ч	Ң	Ю	Ү	Х	Л	Ү	Ь	Х	Е	Я
О	А	В	Ч	А	Т	Ы	Р	Ң	Ч	Ь	Ы	В	Е

ФАТИР
БАРН
КАБИН
КАСЛ
КИНО
ИЛЧЕЛЕК
ЗАВОД
ХОСТЕЛ
КУНАКХАНӘ

ЛАБОРАТОРИЯ
МУЗЕЙ
ОБСЕРВАТОРИЯ
МӘКТӘП
СТАДИОН
СУПЕРМАРКЕТ
ЧАТЫР
ТЕАТР
МАНАРА

47 - Herbalism

```
С Ы Ю У С П И Х Ү Д Ф Ы В Ж
Ф Л Г Һ Я А Б А К Ч А Ш С У
У А У О Н Р Р Р Я Г Й Ь Т Е
С В Ң Ә Т С Х Ы Х Л Д Т Ю Р
Щ А Х Я Б Л Ж Д М Һ А Ү Ә А
О Н Ф С Щ Е Б Җ Ә С Ц Ч С Ө
Я Д А Р О М А Т И К А Ы Ф Б
Р А Ф Ү О И Ц Ч Ә Ч Ә К Е Һ
А О Р С И Н Г Р Е Д И Е Н Т
Т Ө З Е Е Т Б А С И Л И Н Д
У Ө Л М Я Ш Е Л Р Ъ Һ Ж Е Ъ
Н У Ә Л А О Р Е Г А Н О Л Ж
Ц Җ Ф Е Щ Р М А Р Ж О Р А М
Я Ң Ж К Я Һ И Ь Ң Ң М Д Ч Щ
```

АРОМАТИК	ИНГРЕДИЕНТ
БАСИЛ	ЛАВАНДА
ФАЙДА	МАРЖОРАМ
АШ-СУ	МИНТ
ФЕННЕЛ	ОРЕГАНО
ЯРАТУ	ПАРСЛЕ
ЧӘЧӘК	ҮСЕМЛЕК
БАКЧА	РОЗМАРИ
САРЫМСАК	САФРОН
ЯШЕЛ	

48 - Toys

Я	Л	Ң	К	Ж	Н	Ц	Ц	М	Т	С	Ү	Г	П
Ъ	Р	О	Б	О	Т	Ц	Р	А	О	Я	Ж	Ә	Ъ
Т	У	А	Ъ	Ф	Ь	О	Ж	Ш	Р	Б	Р	Л	Һ
Б	И	Б	Т	Ә	Ө	К	Р	И	М	Р	Ж	Һ	Р
Ш	А	К	Я	К	И	Т	Д	Н	Ы	С	Ж	Һ	
Б	А	Л	М	И	А	Ө	Ө	А	Ш	Ә	П	Ж	Ң
Ч	Ү	Х	Ч	Һ	Ө	Н	Ә	Р	К	У	Л	П	О
Щ	Д	С	М	Ы	У	Е	Н	Н	А	Р	Л	Һ	У
Җ	Ь	Ч	Ң	А	К	Ө	Й	М	Ә	Ш	О	Ә	Щ
К	Х	Л	К	И	Т	А	П	Л	А	Р	Ч	Ц	М
Е	Б	А	Р	А	Б	А	Н	Н	А	Р	К	П	У
В	Е	Л	О	С	И	П	Е	Д	Х	Р	Ы	М	М
К	Ы	З	Ы	К	Ж	П	О	Е	З	Д	Ч	Д	Е
Ю	Ы	Л	О	И	Л	Ө	Ы	Л	Н	О	Ц	В	Н

ОЧКЫЧ	КУЛ
БАЛ	БАРАБАННАР
ВЕЛОСИПЕД	ЯРАТКАН
КӨЙМӘ	УЕННАР
КИТАПЛАР	ТОРМЫШ
МАШИНА	КИТ
ШАХМАТ	РОБОТ
БАЛЧЫК	ПОЕЗД
ҺӨНӘР	КЫЗЫК

49 - Vehicles

```
О А В Т О Б У С А Л Һ Җ Щ Ц
Ө Ч Д В И Г А Т Е Л Ь Ф Һ О
А Р К Ө Й М Ә А Х Һ П О К Т
И Ш К Ы З Ы К К Ә Р В А Н Р
Ш Ж Р Ф Ч В Ж С М А Ш И Н А
Ш И Җ Т О С Т И М О Т О Р К
О Ч Н П Ч Ә К Р А К Е Т А Т
Һ В Җ А В Е Л О С И П Е Д О
А Ө Ң Р Л В Е Р Т О Л Е Т Р
Ү И Ч И С А Ч П П Е Х Г Ю Б
Ш Һ Ә М Е Т Р О Ә Л Р И Т Ә
Җ П Б В Г Ь Ъ Е Ы Ъ Б Т Р Ы
Ш А Т Т Л Ү Һ З Р В Ф О Н Б
Ц И Һ М М О Һ Д Е Ш Җ Я Ө Ф
```

ОЧКЫЧ	САЛ
ВЕЛОСИПЕД	РАКЕТА
КӨЙМӘ	СКОТЕР
АВТОБУС	ШАТТЛ
МАШИНА	МЕТРО
КӘРВАН	ТАКСИ
ДВИГАТЕЛЬ	ШИНАЛАР
ПАР	ТРАКТОР
ВЕРТОЛЕТ	ПОЕЗД
МОТОР	КЫЗЫК

50 - Flowers

```
Ж  А  М  Я  Ц  А  К  В  Щ  Л  Ц  П  П  Е
Ң  Ж  Ч  С  Л  В  Ө  А  К  Щ  Ч  Е  Ш  У
Л  Ю  Ъ  М  А  Г  Н  О  Л  И  Я  Т  Ю  Ь
Б  А  Е  И  Л  Ү  Б  Ф  Г  Л  О  А  М  Һ
Ю  А  В  Н  Ә  В  А  Ң  Ь  А  И  Л  Щ  Щ
Ң  Ь  К  А  К  Д  Г  У  Х  У  Л  Л  П  Е
А  Н  Ө  Ч  Н  В  Ы  Л  И  Л  А  К  И  С
У  А  Н  Ү  А  Д  Ш  О  Б  И  Ф  П  Җ  Я
Т  У  З  Г  А  Н  А  К  И  А  Һ  Г  Б  Ш
П  Ж  Ы  И  Ү  Я  К  Щ  С  Б  У  К  Е  Т
О  Р  Х  И  Д  К  А  Ш  К  Ү  Р  О  С  Б
П  Е  О  Н  И  Ы  Җ  Ө  У  М  Ы  Я  К  Ь
П  Ы  Ү  Ө  А  Н  Ө  Ч  С  Б  Ң  И  В  Ы
И  Д  Ю  О  С  Щ  Щ  Т  Ш  Н  Ү  С  Д  Д
```

БУКЕТ	ЛИЛИЯ
ЯКЫН	МАГНОЛИЯ
КӨН	ОРХИД
ТУЗГАНАК	ПЕОНИ
БАКЧА	ПЕТАЛ
ХИБИСКУС	ПОППИ
ЯСМИН	КӨНБАГЫШ
ЛАВАНДА	ЛАЛӘ
ЛИЛАК	

51 - Town

```
К Д К К Һ В Б А З А Р Ч У М
И А У И О Щ А Ү Ң Ь Ь М Н Х
Т Р Н Т Ч Һ Н С Ю Н Ң Я И Б
А У А А М Ә К Т Ә П В Ь В Ч
П Х К П У К У А Е Р Ә Ү Е Ж
К А Х Х З Ң Л Д Б А К Е Р И
И Н А А Е Ә Җ И В Я Т Һ С З
Б Ә Н Н Й С Ф О Н Ф Ж Р И О
Е К Ә Ә С Җ Ү Н М И Ь Л Т О
Т Ы И К И Б Е Т Х Т К Я Е П
Е Җ Һ Н Г А Л Е Р Е Я А Т А
Е Я С Ы О Ф Л О Р И С Т Җ Р
С У П Е Р М А Р К Е Т Е Ф К
Г Ө Ү А Э Р О П О Р Т В Ш Җ
```

АЭРОПОРТ	БАЗАР
БАКЕРИ	МУЗЕЙ
БАНК	ДАРУХАНӘ
КИТАП КИБЕТЕ	МӘКТӘП
КИНО	СТАДИОН
КЛИНИКА	КИБЕТ
ФЛОРИСТ	СУПЕРМАРКЕТ
ГАЛЕРЕЯ	ТЕАТР
КУНАКХАНӘ	УНИВЕРСИТЕТ
КИТАПХАНӘ	ЗООПАРК

52 - Antarctica

```
М И Н Е Р А Л Л А Р Р О К И
Ь И Я Ц Ы К О В Е М Я Һ Ә Җ
А Р Г У Т Р А У Л Ш Р О Й Ю
Р И Ж Р Б О З Л Ы К Ы В Л П
Ү И Ю Ю А А П Ю Ы Ъ М Ь Ә Е
Һ Т Ш Ц Р Ц Б О Г О У Н Н Л
И К Н М Р Ү И А Г М Т Ү Ә П
К Ы Й Т Г А О Я Й Р Р Җ Я Ө
Т И К Ш Е Р Ү Ч Е У А И Җ Ж
Э К С П Е Д И Ц И Я У Ф Ө Е
Г Е О Г Р А Ф И Я Җ А В И И
О Э С С Е Л Е К О Ш Л А Р Я
Ч В У В Л П Е Г Ү Ф Ә Н Н И
С А К Л А У Ж Б О З Т Я А О
```

БАЙ	УТРАУ
КОШЛАР	МИГРАЦИЯ
САКЛАУ	МИНЕРАЛЛАР
КЫЙТГА	ЯРЫМУТРАУ
КОВ	ТИКШЕРҮЧЕ
ӘЙЛӘНӘ	РОКИ
ЭКСПЕДИЦИЯ	ФӘННИ
ГЕОГРАФИЯ	ЭССЕЛЕК
БОЗЛЫК	ТОПОГРАФИЯ
БОЗ	СУ

53 - Ballet

```
Т О Т Е Х Н И К А Н Ю Җ М Б
О Э Р Е П Е Т И Ц И Я Х У А
З К К К Ә Ь Ц Ш Ц Ь А О С Л
Щ Щ С С Е И Җ А Ү Ө Л Р К Е
Ж О Ә Н П С Ь Р И Г К Е У Р
Щ С Н И Ш Р Т Ә Ж Ү Ы О Л И
Р И Г А С Ж Е Р В Щ Ш Г Л Н
Ң И А Ү Ц У Ы С У Л Л Р А А
Л И Т Ш Ю О Я С Ц А А Р Ж
Ю А Ь М У З Ы К А И Р Ф К В
А У Д И Т О Р И Я Т В И Ү Ъ
К О М П О З И Т О Р А Я А Н
Б И Ю Ч Е Л Ә Р В Ф Ш Ю К Ү
П Р А К Т И К А Җ П Ш Н Н Щ
```

АЛКЫШЛАР	МУСКУЛЛАР
СӘНГАТЬ	МУЗЫКА
АУДИТОРИЯ	ОРКЕСТР
БАЛЕРИНА	ПРАКТИКА
ХОРЕОГРАФИЯ	РЕПЕТИЦИЯ
КОМПОЗИТОР	РИТМ
БИЮЧЕЛӘР	ТОЗ
ЭКСПРЕССИВ	ЫСУЛ
ИШАРӘ	ТЕХНИКА

54 - Human Body

Т	Е	Р	С	Ә	К	Ц	Е	Ф	Ч	Ч	Х	Е	Б
У	Т	У	В	Һ	Ш	У	Б	А	Р	М	А	К	А
Б	И	Х	Й	Ө	Р	Ә	К	К	Һ	У	Я	Х	Ш
Ы	Р	Х	Л	С	Е	Т	Ө	А	Й	Е	К	К	М
К	Е	Ә	К	Ө	Е	Ң	Х	Т	Н	Н	Е	У	И
Ц	Г	Ш	Ж	Я	Я	У	Ү	Ц	Е	Х	Х	Л	Е
Б	А	Ш	Ы	К	Ю	Ы	Ц	Ө	У	З	Җ	И	Л
К	Б	Ъ	Н	Л	Ð	Һ	Р	О	Ң	Л	Д	Ү	Ь
И	Я	К	Е	Ә	Я	Ә	Ц	Ө	В	К	У	Д	Х
Л	Җ	Б	О	Р	Ы	Н	Ь	С	Ш	Г	Ш	Ь	Ч
Ш	Д	Щ	Җ	Л	Ъ	Ж	Җ	А	В	С	Т	Л	Ъ
Т	М	Н	Ү	Щ	А	П	Л	Ш	М	Т	П	П	Р
Щ	Г	Ү	Т	Ә	К	К	Х	Р	Һ	Җ	Ф	Е	Ү
Ж	Е	В	Ю	Ю	Ц	Г	П	А	Ү	Ы	Ү	Җ	Я

ТУБЫК	БАШ
КАН	ЙӨРӘК
СӨЯКЛӘР	ҖАВС
БАШ МИЕ	ТЕЗ
ИЯК	АЯК
КОЛАК	АЙ
ТЕРСӘК	МУЕН
ФАК	БОРЫН
БАРМАК	ҖИЛ
КУЛ	ТИРЕ

55 - Musical Instruments

```
Г Г И Т А Р А В Л У Ф Б К Ф
А О А Д Н Ш Ә Т П Н Ү А Л Ү
С Р Н Р М А Р И М Б А Р А Ъ
А Т П Г М Л Б Я Ф У Ы А Р П
К Р В Н Б О А Һ Л Б П Б И Е
С О И Г М К Н К У Е И А Н Р
О М О Ң А Щ Ж И Т Н А Н Е К
Ф Б Л Р Н Б О Ө К Х Н К Е У
О О И Ә Д Ү Е Ә Ы А О Һ Ә С
Н Н Н Ц О Ф Н А З Б У Д Ю С
Д Ш П Ж Л А Ы О Ы Р В Җ Я И
У Ю Т Д И Г Ү У К Ч Е Л Л О
О Б О Э Н О Д Х Ф Ы Ц Җ Ш Н
Т Ч П Р Ч Т Щ Һ Ц Х Е Я А Ж
```

БАНЖО	МАНДОЛИН
ФАГОТ	МАРИМБА
ЧЕЛЛО	ОБОЭ
КЛАРИНЕ	ПЕРКУССИОН
БАРАБАН	ПИАНО
ФЛУТ	САКСОФОН
ГОНГ	БУБЕН
ГИТАРА	ТРОМБОН
ГАРМОНИКА	КЫЗЫК
АРП	ВИОЛИН

56 - Cooking Tools

```
Ф Д Т Ң Г Р Ц Ц В Т Б Г Ң Б
Х Ң Ю Е Ң А Ң П Н Т Г Р Е С
О Р И Н Р Ө А Г Е Б Һ А Ө О
А Л М Ә Ч М Т Р А Л Т Ж Һ
С Ж Ө Х Ү И О Ь У Т Щ Е Т Ч
У Р Ф Щ К Ч Ү М Ү О Л Р Л И
Ы П Ы Ч А К С Щ Е С Т О В Ә
Т У Ц В Ш Я С П А Т У Л А В
К А Й Ч Ы Ь Ч Ш Ъ Е Р Н И Ш
Ы Ю Ң Ф К У Т Л Е Р И Ә Щ Ю
Ч Ы Т Д О Һ Ж Ъ Д Л Ү М С Ң
К Ж Ц Ж О Р Т Ь Ъ У И Ш Ж Щ
Щ Щ У Б М Х К Е Т Т Л Д Ч Ң
К О Л А Н Д Е Р Ә Ы Ш Х П И
```

КОЛАНДЕР	СУЫТКЫЧ
КУТЛЕРИ	КАЙЧЫ
ФОРК	СПАТУЛА
ГРАТЕР	КАШЫК
КЕТТЛ	СТОВ
ПЫЧАК	ТЕРМОМЕТР
ЛИД	ТОСТЕР
МИЧ	

57 - Fruit

```
А П А В Я Ф Ь Т И Ц Ч И Ъ Ә
Б Л В Ъ Җ П А П А Й Я И С Й
Р И М А Н Г О Й Ө К А Н Я Ө
И М Д А У У Ң Ө Ң И В Җ Ъ З
К О К О С А П А Х В О И Ы Е
О Н К Б Ө В Г М Ү И К Р Г М
С Е У А Б А Н А Н Б А Ц Ң М
О К Р Һ В Һ Г П Г Ы Д О Ү М
Х Т А Ч Ъ Ы Ң У Ц Ъ О К Ы Ь
О А Ж Г С Ю Н Ө Т Я В Ж О Е
К Р Р Е С У Ю Х Ә Ю В П Д Д
Б Е Р Р И В Ю Ө О Җ Р Ә Л П
У У М Х В В Ф Д А Н А Н А С
Ь В У Ю О Х Я Ж Ө О Ә П Ә Ь
```

АЛМА	КИВИ
АБРИКОС	ЛИМОН
АВОКАДО	МАНГО
БАНАН	КАВЫН
БЕРРИ	НЕКТАР
ЧИЯ	ПАПАЙЯ
КОКОС	ПАХ
ИНҖИР	ЙӨК
ЙӨЗЕМ	АНАНАС
ГУАВА	КУРА

58 - Virtues #1

```
Т Э Ц Ө Һ Х Я Р Д Ә М К Ь Ъ
Җ П Ф Е Б Б Ә Й С Е З Ы Г С
И Щ П Ф Р Н Ч Л А Ң Ү З Ж А
Я Ы Р Ъ Е Ш Ә Л И Ө Ж Ы Ә Б
Ю М А Р Т К Җ Щ Ч Т С К Н Ы
Х Ю К Ю Я Я Т Щ Ң Ш К Л Һ Р
Д Б Т Щ Ф Г Ы И И Д Ң Е Р Ъ
Я Щ И К Ж Һ Й Ъ В Һ Ч Ц Ч В
Б Х К Ю Я О Н Д Ч Ь И Ю И Г
Ь А Ш Я Ы Ш А Н Ы Ч Л Ы С Ш
Я Н Ж Ы Л Я К Ү Г К П Һ Т Ф
Н Я Ы С Ә Н Г А Т Ь М Ү А Ә
З И Р Ә К Б Щ Е К Ң Н Ң Н М
С О К Л А Н Д Ы Р Г Ы Ч Л Щ
```

СӘНГАТЬ	ЯРДӘМ
СОКЛАНДЫРГЫЧ	БӘЙСЕЗ
ЧИСТА	ТЫЙНАК
КЫЗЫК	САБЫР
ХӘЛИТКЕЧ	ПРАКТИК
ЭФФЕКТИВ	ЫШАНЫЧЛЫ
ЮМАРТ	ЗИРӘК
ЯХШЫ	

59 - Kitchen

```
Ү Б Ы А Т А Ң Ф Ю Г Д Ы Я Ж
Е К У П Л А Р О А П Р О Н У
Б Е Л Ә Н Г Я Р Һ Ь Х И Ү Ь
Ә М Ә Һ С Ү Ю К А С Ә Р Л Һ
Ч Ү М Е Ч У Я С Ч Ө Ю Е Н Ь
Ф Р И З Е Р Ы Җ Н Ы Җ Н А К
К Л Ч К В У О Т Ң К К Ө П Е
А С П Ш Ц П Л Ж К Ы У Ч К Т
Ш Ү Ә Ш Ы Ү Ң Ю Я Ы А В И Т
Ы Л О Ю С Ы М Д О Ю Ч А Н Л
К Ү Е Д Х Ю Ү Щ Ә Ю С З Ж Ө
Л И Ь Җ М Д Д Ж Һ Ц И Ы Ң В
А Р Ц А Ф Б Л Ж А Р Ш К Я Л
Р К Д Ә Ц Ф Ч Ь Ь О Ш К М Ы
```

АПРОН	ЮГ
КАСӘ	КЕТТЛ
ТАЯКЧЫК	БЕЛӘН
КУПЛАР	ЧҮМЕЧ
АЗЫК	НАПКИН
ФОРКС	МИЧ
ФРИЗЕР	СУЫТКЫЧ
ГРИЛЬ	ИРЕН
ЖАР	КАШЫКЛАР

60 - Art Supplies

```
Ф И К Е Р Н У Б Т Ө С Л Ә Р
К Щ О Ь Р Ж Э Р А З Е Р Р Р
Ц А К Ә Г А З Ь Б Л Ж Ш Ж В
С У Р Ы Н Д Ы К Ы Ш Ч Һ Һ Б
У М Ф А Я Ң В Л Н И О Ы Щ Щ
Б Һ О Ц Н Ш Ы Е Т Җ Н А К Щ
Ф У Ы В Е Д К Т Ы А В К А И
Ф Х Щ Ү Ф Щ А Е И Т Х Р О Х
Н А Г Һ Т Ж Ң Ш Г Щ Б И А Щ
Т У Т Ө Ь С С Е Л Ь Д Л А Ө
Я К А М Е Р А И У А Б И Ш Б
Б Р Ө Б У О Я Ң Е В Р К Ф Җ
В С Ә Н Д И О М Ү М Х И Н Х
П Н И Җ Ш Б Һ И Ф Җ Ш Я Т Ю
```

АКРИЛИК	ГЛУЕ
КАМЕРА	ФИКЕР
УРЫНДЫК	ИНК
БАЛЧЫК	НЕФТЬ
ТӨСЛӘР	КӘГАЗЬ
ИҖАТ	КАРАНДАШЛАР
СЕЛЬ	ТАҺЫН
ЭРАЗЕР	СУ

61 - Science Fiction

```
Ф К Е Р Г А Л А К Т И К А П
У Л У Т О П И Я Д Е П Я У Л
Т О Т О Р М Ы Ш Ш Х Ө Я С А
У Н Ү Р Р Ү У Я А Н М Р Л Н
Р М Д А К И Н О Р О Р О У Е
И Һ И К Ф Т Ч Ә Т Л Ш Б Ң Т
С Д С Л Ы А Ь Ы Л О Ш О Һ А
Т Ө Т С Л В Н Ш А Г Ь Т К Ң
И Н О Ү Е Ю И Т У И К Л Д Ә
К Ь П Д Б Р З В А Я Д А Ч Ь
Р Я И Ң Һ В Л И Ә С Ы Р Ы И
Т Х Я Ъ Д Е Н Е Я Д Т Ң С Һ
Э К С Т Р Е М А Л Ь Ж И Р Щ
А Т О М К И Т А П Л А Р К Т
```

АТОМ	ГАЛАКТИКА
КИТАПЛАР	ИЛЛЮЗИЯ
КИНО	ТОРМЫШ
КЛОН	СЕРЛЕ
ДИСТОПИЯ	ОРАКЛ
ШАРТЛАУ	ПЛАНЕТА
ЭКСТРЕМАЛЬ	РОБОТЛАР
ФАНТАСТИК	ТЕХНОЛОГИЯ
УТ	УТОПИЯ
ФУТУРИСТИК	ДӨНЬЯ

62 - Airplanes

```
Д Ж Щ Х Ж Ш Ж Ң Л Я Һ В Ф Җ
Щ Ә К В С С С Д С Ц М О Ш Б
К У Ж Ө Ө Ъ Ц Т Г Ә Ю Д Д У
Һ М Ь Г Й Я Ь Т К Х Н О В Ң
Ф А М Ш Щ М Г Җ Ө О Ә Р И Г
У Җ Ю В Л Ю Ә У Н З Л О Г Ы
Т А Л Д Н Ә С Е Л Р Е Д А Л
Ы Р Ч Т А Р И Х Һ Ы Ш Л Т Ы
Р А Ы Ш Җ Һ Ц Б И Е К Л Е К
Т Ң Ж Я Ю А Я Ж О И Ү А Л Ш
У Ө У Е И Ш У Ж Ц Ү К С Ь Ъ
Д И З А Й Н Р Ш А Р Һ А В А
Ы Е М О П М Я Н Г О Щ Ң Ә В
Ю Р П И Л О Т Я Л К Л Х Ы Л
```

МАҖАРА	ЯГУЛЫК
ҺАВА	БИЕКЛЕК
ШАР	ТАРИХ
ТӨЗЕЛЕШ	ВОДОРОД
КӨЙМӘ	УТЫРТУ
НӘСЕЛ	ЮЛЧЫ
ДИЗАЙН	ПИЛОТ
ЮНӘЛЕШ	КҮК
ДВИГАТЕЛЬ	БУҢГЫЛЫК

63 - Ocean

```
Д  У  О  Ү  Ц  К  Р  Ъ  М  Ф  Ъ  Т  Ш  О
Н  П  Ю  Й  Ө  И  Ң  Ш  Ә  Ч  Д  М  Е  А
Н  И  Ы  Һ  С  Т  В  У  Р  И  Ф  Щ  Ү  Т
Ш  Х  Ң  Б  К  Т  Д  Ө  Ж  О  Р  Ю  Н  С
М  В  Р  Ә  В  П  Е  Б  Ә  С  У  Д  С  У
Щ  Е  Д  А  В  Ы  Л  Р  Н  Х  Ю  Ю  Һ  Ү
О  Ц  Д  Ъ  Ү  Ә  Ь  Д  И  Ң  Г  Е  З  С
Ч  Ш  Ю  У  Щ  И  Ф  И  Р  Т  У  Н  А  Е
К  Р  А  Б  З  Ж  И  В  Е  А  Т  Э  О  М
Т  И  К  А  Т  А  Н  Е  Н  Ш  Ш  Һ  Л  У
Ы  М  У  Л  О  Ө  Б  Ц  Л  Б  Д  Җ  Ә  Ә
Ц  П  Л  Ы  З  Д  Ң  У  Һ  А  Г  Ы  В  Ж
Х  Х  А  К  Ь  П  Р  Е  К  К  Җ  Т  Җ  Р
С  И  Г  Е  З  А  Я  К  С  А  П  Ж  Ә  Ң
```

СҮҮСЕМ	ТОЗ
МӘРҖӘН	ДИҢГЕЗ
КРАБ	АКУЛА
ДЕЛЬФИН	ШРИМП
ЭЛ	ИРЕН
БАЛЫК	ДАВЫЛ
МЕДУЗА	СУДС
СИГЕЗАЯК	ТУНА
ОЙСТЕР	ТАШБАКА
РИФ	КИТ

64 - Birds

```
К Ш Җ Ч Д Ж Х Ц М Л Ө Ы И С
А Т У Т Ы Й Й О М Ы Р К А Ф
Р К Ү К Е П Ү П Е Л И К А Н
Г Ъ Ө Р Ь И Ч Р Щ Х Ь Е Р Т
А Щ Җ Г К Н Ф Ы Д Ө Ө Н Б А
Ы Ы Ш Я Һ Г Ъ Л К Ә И Җ О В
Ф Ө Б П Т В Ь Б А К К О Ш И
У О С Т Р И Х Һ Н М Ү Җ Ю С
Н Ы Ш Ө Ь Н Ң Ж А Ь И С Ч Ь
Г Е Р О Н Д О В Р Е Ж Н Ш Ф
Ч С Т О Р К К Я Ы Б К М Г Ц
Т А В Ы К Т У К А Н А Л Щ О
Б Ө Р К Е Т Л Җ И Т З М Д Т
Ш Ч Ә Ж Һ Щ Щ Ө О А Н М Ц М
```

КАНАРЫ	ГЕРОН
ТАВЫК	ОСТРИХ
КАРГА	ТУТЫЙ
КҮКЕ	ТАВИС
ДОВ	ПЕЛИКАН
ҮРДӘК	ПИНГВИН
БӨРКЕТ	ЧЫПЧЫК
ЙОМЫРКА	СТОРК
ФЛАМИНГО	АККОШ
КАЗ	ТУКАН

65 - Art

```
К  Г  А  Д  Е  Л  Б  Ш  А  Р  Y  Ц  Һ  Ә
О  Ә  К  Һ  Ә  Y  Ш  И  Ч  Ь  Ц  Г  П  Х
М  Ң  Е  Ң  Ш  Ж  М  Г  Ы  Ң  П  Б  Я  Ю
П  Б  Р  Ф  Ф  П  Т  Ъ  Л  Ш  Ә  Х  С  И
О  Г  А  Д  И  О  О  Р  Ы  Л  Щ  В  Ъ  Л
З  Р  М  Җ  Е  Я  Р  И  Ш  В  О  У  Һ
И  В  И  Ц  Ө  Ө  М  Я  Ф  Г  Ж  Б  С  А
Ц  И  К  Г  И  Г  Ы  Т  Е  М  А  Ь  У  М
И  З  Н  Л  И  Т  Ш  Е  Н  Р  Ң  М  Р  Т
Я  У  Ц  Я  Н  Н  Д  Һ  К  Ж  Щ  Ә  А  Ц
Ш  А  Җ  М  Т  Ю  А  С  И  М  В  О  Л  Г
О  Л  В  Х  Ю  Л  Ш  Л  У  Ъ  В  Е  И  О
Р  Ь  Ф  Х  Ж  Ь  Ъ  Һ  С  Ц  Ф  Т  З  Ш
Х  Е  Щ  Ш  Е  Н  Ц  М  Ж  М  Ш  Я  М  Ы
```

КЕРАМИК	ШӘХСИ
ТОРМЫШ	ШИГЪРИЯТ
КОМПОЗИЦИЯ	ГАДИ
АЧЫЛЫШ	ТЕМА
ГАДЕЛ	СУРАЛИЗМ
ИЛҺАМ	СИМВОЛ
КӘЕФ	ВИЗУАЛЬ
ОРИГИНАЛ	

66 - Nutrition

```
А Ш К А Й Н А Т У Ц Г Я Д С
Я Ж Е Г К Ц С Ю А Х С Р А Ы
Ы Ъ Б С О У С Ы Е Д Ч М В Й
С Ә Л А М Ә Т Л Е К Ц А Ы Ф
Ш Ө А К Л Ж Ы П Д Н Щ С Р А
Ч К Ч С К А Л О Р И Я Ы Л Т
Ь Х У Ы М О Н А Ж М Р Н Ы Я
Я Н Ү М Ә Е С С Ч В А Д К Б
Р Ш В И Т А М И Н Ы Т А Ү Е
В Б Щ У В Ш Д Ң Ц Ң У Г И Д
Л К К Ө Ч А И Я А Б У Ы М Т
Җ Д С С Җ У Е У З Ь Ф И М Ң
С Ә Л А М Ә Т В Ы Т А М А К
Т О К С И Н А Л К Г А Д Ә Т
```

ТАМАК	ГАДӘТ
БАЛАНС	СӘЛАМӘТЛЕК
АЧЫ	СӘЛАМӘТ
КАЛОРИЯ	АЗЫК
ЯРМАСЫНДАГЫ	АКСЫМ
ДИЕТА	СЫЙФАТ
АШКАЙНАТУ	СОУС
АШАУ	ТОКСИН
АЧУ	ВИТАМИН
ЯРАТУ	АВЫРЛЫК

67 - Hiking

```
К Ә Л Ө О П Д И Х Р Ф Т Т С
К А Р Т А Р А В Ы Р Ж Х А М
Б Ү С И Һ Ш И Р В Ц М И Ш И
Т А У Җ П Т Ә Е К О Я Ш Л Я
Г Ү С Ң Е Ж Л З Н Л В Г А Т
Б С Ә Җ Л Ъ Т Ы Е Т А У Р Е
Х А Й В А Н Н А Р Р А Р У Ч
Б О Т И Н К А О Т Ц Л Ц Е У
Р Ъ Н К Р Л Ы Х Х Ш А Е И Ж
Ц Ү Ү Ы Ф И Х С Т Х Ц Б К Я
Л А Я Р Г М Х Ә Ч Е К Ф Е Ү
Я Ф Ф Г Т А Ч Ж Ш Ү Ж Ө В Т
Ш Ь Ь Ы Җ Т А Б И Г А Т Ь Ч
Щ Ш Д Й К А М П И Н Г Щ Ң М
```

ХАЙВАННАР	ОРИЕНТАЦИЯ
БОТИНКА	ПАРКЛАР
КАМПИНГ	ӘЗЕРЛЕК
КЛИМАТ	ТАШЛАР
АВЫР	КОЯШ
КАРТА	АРУ
ТАУ	СУ
ТАБИГАТЬ	КЫРГЫЙ

68 - Professions #1

```
П А Ә Ъ Ь О Т И Ю Җ У О П П
Л С Ъ Л К Ж Ы Л Р Ц Е Д И С
У Т М А У Ч Ы Ч И Х Н Ф А И
М Р Һ Б Р Ә Х Е С Ф Ч Ч Н Х
Б О Г А Е О У Е Т Т Ы В И О
Е Н Ф Н Д С Г В В К Б Е С Л
Р О Г К А Р Т О Г Р А Ф Т О
Б М К Е К Ө Х Ң А Ф Ъ П Т Г
Т И К Р Т А И Л О Р А Ү А Е
Р А Ю Ң О Т Р Е Н Е Р В Е О
Г Я Б Ч Р Д И Ң Г Е З Ч Е Л
В Һ Ү И Е Г Ж Р Ә Ь Е Д Д О
Н Ү Ф Җ Б Л Ң Л Я Ж Ф В Я Г
А Д В О К А Т Ц Р Ю К Н Ю К
```

ИЛЧЕ	АУЧЫ
АСТРОНОМ	ЯҺҮД
АДВОКАТ	ЮРИСТ
БАНКЕР	УЕНЧЫ
КАРТОГРАФ	ПИАНИСТ
ТРЕНЕР	ПЛУМБЕР
БИЮЧЕ	ПСИХОЛОГ
ТАБИБ	ДИҢГЕЗЧЕ
РЕДАКТОР	ТАИЛОР
ГЕОЛОГ	

69 - Dinosaurs

```
Ю Р Е П Т И Л К Д С Щ Җ Д К
Б К Л Ә Ө Ы Һ Ъ О П М И Е А
Ү С К М Р Д Я Р Ц Й Р Р Д Н
Д Җ Ц А И В М Г Ч К Р Е Т А
С Ш М М Ч П К Ф Г Җ Ъ Ы Я Т
Ы Ж А О Ә Ы Ң Ж Ә Ө Ы Х К Л
Һ Ц Ж Н Ю Г Г Л Ъ Л Г Ү Н А
З У Р Т Ң Һ Ж У Х Ц Щ О М Р
Х Ъ Ч Д З У Р Л Ы К Ә М Р К
Ө Җ Ц Т Б О З Ы К О Р Н Ж Ө
Ь Ң М А Б Э В О Л Ю Ц И Я Ч
Г Ф Н Р Ф Ъ С Ь Ь С Г В Л Л
Ч Я П И Ү Л Ә Н Ф Ж Җ О Е Е
Я У А Х Т У У А Ә У Б Р И Р
```

ЮККА ЧЫГУ	ТАРИХ
ҖИР	ПРЕ
ЗУР	РЕПТИЛ
ЭВОЛЮЦИЯ	ЗУРЛЫК
ҮЛӘН	ТӨР
МАМОНТ	КОЙРЫК
ОМНИВОР	БОЗЫК
КӨЧЛЕ	КАНАТЛАР

70 - Barbecues

```
Г Җ Р П К Ө Л Д Т К Ю П Ш С
Т Р Ф А З Ы К У Т А В Ы К О
О М И О Ч Х Ы С Ы Й О В И У
З Б У Л Р О О Л Г Н Р Е Ч С
Ю А Е З Ь К С А Л А Т Т К М
Ө Л Н П Ы Ж С Р Л Р Ю О Е Ц
Ц А Н Ң К К А Ч Л Ы К М А У
Ү Л А С Г Җ А А И Т Ә А Ш У
Ю А Р Ч У И Ә А Т Һ Е Т Я К
Б Р Б Ж Ф М И Л Ю И Д Ъ Ш Т
Е Ш Җ Ә Й Е М О Е П У П Е Ь
Л Ң Ө Ү Ә Ш К Җ Ү Г А И Л Ә
Ә Д Җ У Ж К Ө П Н Ң Т Ц Ч Ө
Н Ю Р Г К Е Е Ш Ә Л Ц Ә Ә Ю
```

ТАВЫК	КАЙНАР
БАЛАЛАР	АЧЛЫК
КИЧКЕ АШ	БЕЛӘН
ГАИЛӘ	МУЗЫКА
АЗЫК	САЛАТ
ФОРКС	ТОЗ
ДУСЛАР	СОУС
ҖИМЕШ	ҖӘЙ
УЕННАР	ТОМАТ
ГРИЛЬ	ЯШЕЛЧӘ

71 - Chocolate

```
Я Ж Ю Һ Һ А Р Т И С А Н А Л
Ш А Ч Ы Г Р У Ә Н П Ә Ъ Б И
Н И Я Ң Ө А У М Г Д Щ Д М Г
М У К У Ө Х Е Я Р А Т К А Н
Ч Ф Ә Ә А И Ф С Е И Т Ә К А
К Р Ч П Р С Ц Х Д П Г Ш Щ Щ
К Э К З О Т И К И Т Ә М Л Е
А О В Ы М К Б Р Е Я К М Ю К
Р Ү К Ң А Ь Щ Щ Н Р Щ Л Ш А
А К Г О В Щ Х Һ Т А Т Л Ы Н
М А Җ Е С Ы Й Ф А Т Т У Б Д
Е К К А Л О Р И Я У Х Г У И
Л А Н Т И О К С И Д А Н Т Ж
Ь О Ә Ө Ө Е В Г Һ Ө Ә М Ю Ъ
```

АНТИОКСИДАНТ	ЭКЗОТИК
АРОМА	ЯРАТКАН
АРТИСАНАЛ	ЯРАТУ
АЧЫ	ИНГРЕДИЕНТ
КАКАО	АРАХИС
КАЛОРИЯ	СЫЙФАТ
КАНДИ	ШИКӘР
КАРАМЕЛЬ	ТАТЛЫ
КОКОС	ТӘМ
ТӘМЛЕ	

72 - Vegetables

```
Щ Х Ж Ь К Р С Г Ц Ә Җ О Ю Һ
Ш П И Н А Т А У Л Ж Д Н Ч Я
Т А Б В Б О К Д Г О Ъ М Ң Ъ
Ө Р Р Ю А М Ь Ж И А Ы У Ш У
С С О Ә К А Р М Ү Ш Н Щ А С
Л Л К Ы Ы Т Ю М С Ю Ь Б Я А
Е Е К К Н А Р Т И С Т А Н Л
К С О И К Ы Я Р Н Һ Т К Ү А
Ә И Л Ш Е Ж Ъ Ө Ү Е У Л Җ Т
Б Ц И Е В К И Ә Л Ж Р А Ц Һ
Е Ж К Р Г Ө М Б Ә К Н Ж Ә Е
С Д Ф П Е Х Б О Р А И А Л П
Т Ч Е Л Е Р И Н Ъ Р Р Н Ь М
Ә К В Г С А Р Ы М С А К С Я
```

АРТИСТ	СУГАН
БРОККОЛИ	ПАРСЛЕ
КИШЕР	БОРА
ТӨСЛЕ КӘБЕСТӘ	КАБАК
ЧЕЛЕРИ	РАДИШ
КЫЯР	САЛАТ
ҺАКЛАЖАН	ШАЯН
САРЫМСАК	ШПИНАТ
ИМБИР	ТОМАТ
ГӨМБӘ	ТУРНИР

73 - Boats

```
М С М Ф Ю У Ц Г К Җ П Һ Ф Д
О П А Р Х Ң Ф Л Ю У Р Ъ Р И
Җ Ә С А Я Н К А Д Ы Һ Ә Н Ң
А Б Т О Я Ц Ң Җ Т К Б О Й Г
Т У Н П Я К А Н О Э Ъ В Р Е
М Я А Һ К А О Д И Ң Г Е З З
Е Х У Л Ү Я Л Р К Ө Й М Ә Ч
Ү Т Т Ң Л К Ж Ь И Г Д Ь Е
Ө А И Д У Л К Ы Н Н А Р Ч М
С Ң К Җ В Ь В В Х Җ Ә Я Ъ Ң
Е Ю С Ш Ы Ч Р О Г Җ Ц Л Н Ю
Ж Л Ь Я Д В И Г А Т Е Л Ь С
Ш Ь Г Ф Ъ О К Е А Н Ы О Ь А
М Щ Т А Ө Т К Б А У Ч С А Л
```

ЯКОРЬ	НАУТИК
БОЙ	ОКЕАН
КАНОЭ	САЛ
КӨЙМӘ	ЕЛГА
ДОК	БАУ
ДВИГАТЕЛЬ	САЯНКА
ПАР	ДИҢГЕЗЧЕ
КАЯК	ДИҢГЕЗ
КҮЛ	ДУЛКЫННАР
МАСТ	ЯХТА

74 - Activities and Leisure

```
Х Й Б А С К Е Т Б О Л Ю Ж Ы
О Ө С А А О Ц В Д Я Ң Ж Д Р
Б З Җ И К А М П И Н Г Р И Д
Б Ү Б Б К Ч Х С Ә Я Х Ә Т А
И Г Л В Ю Е А Б Е Й С Б О Л
Ш О О К П Ф Р Ч Т Б О К С Һ
П Л К В У П Ө Ү Ы Е Ж Я Ө Һ
Л Ь С Ә Н Г А Т Ь Л Н Ъ Х И
В Ф С У Р Ф И Н Г Ь Ы Н Ю У
Ә А Я Х Җ У Д Ә Ж Н А К И А
Б А Л Ы К Т О Т У Ш Җ Х П С
Ә Ү Ъ Ш Ү Б В О Л Е Й Б О Л
Ф Ъ Г Н К О А Е П В С С Е М
Ы Ь С Х Ы Л Н Щ Н Н И Ц У Ө
```

СӘНГАТЬ	ГОЛЬФ
БЕЙСБОЛ	ХОББИ
БАСКЕТБОЛ	ФУТБОЛ
БОКС	СУРФИНГ
КАМПИНГ	ЙӨЗҮ
СИКЕРҮ	ТЕННИС
БАЛЫК ТОТУ	СӘЯХӘТ
БАКЧАЧЫЛЫК	ВОЛЕЙБОЛ

75 - Driving

```
Л П Ф Ѳ А С В Ѳ Ю Б Җ Д Б Н
Ь И Щ Ә Ч Т И З Л Е К Б Р Җ
С Е Ц К Ы З Ы К А Р Т А А Ч
Ц Р Я Е К М О Т О Р Г Ж К Ь
Җ М С Я Н Г О А И У К Т С С
Г Ә Д Ә Ф З Ю Ш Я Г У Л Ы К
Ч Ү Я У А Ь И У Ж Д Р П М Т
Г А Д Ү Р Ѳ Ң Я У С К Т О О
Ѳ Х С Ъ Л А Ь Г У Т Ы Р Т Н
Г А Р А Ж Е М А Ш И Н А О Н
П О Л И Ц И Я З Н Ф Ы Ф Ц Е
Н Һ Х Я Е Ә И Ч Ы Ц Ч И И Л
Д Ш И Г Ң Е П Я Ц У Д К К Ь
Ц Х Ч Ъ Н Ж Ч Ң С И Ц Ю Л К
```

АЧЫК	МОТОЦИКЛ
БРАКС	ҖӘЯҮЛЕ
МАШИНА	ПОЛИЦИЯ
КУРКЫНЫЧ	ЮЛ
ЯГУЛЫК	ТИЗЛЕК
ГАРАЖ	УРАМ
ГАЗ	ТРАФИК
ЛИЦЕНЗИЯ	ТАШУ
КАРТА	КЫЗЫК
МОТОР	ТОННЕЛЬ

76 - Professions #2

```
Б П З А Т Һ А Ж Ә Х Т Ф К И
А И О Щ С Ц Ш М Ю И А И И Л
К Л О Ю Т Т Җ Т Ч Р Б Л Т Л
Ч О Л Л Ж Я Р Ъ В У И О А Ю
А Т О О О Ф Е О Х Р Б С П С
Ч О Г Җ С Г Ы Ә Н Г А О Х Т
Ы Е У К Ы Т У Ч Ы А Ж Ф А Р
Ф О Т О Г Р А Ф У К У Ы Н А
Х К Ш К Ф Р Ә С С А М Т Ә Т
Ө Т Ц Г Д Е Т Е К Т И В Ч О
И Н Ж Е Н Е Р Л Ь Ң Т Ы Е Р
Н М Җ Ү Ә Ү Р М К Р С О М Ь
Т О Ъ Т Е Ш Ч Е Е Җ Л Ң Л Б
Л И Н Г В И С Т Җ Р У Ж Ч С
```

АСТРОНАУТ	ЛИНГВИСТ
БИОЛОГ	РӘССАМ
ТЕШЧЕ	ФИЛОСОФ
ДЕТЕКТИВ	ФОТОГРАФ
ИНЖЕНЕР	ТАБИБ
ФЕРМЕР	ПИЛОТ
БАКЧАЧЫ	ХИРУРГ
ИЛЛЮСТРАТОР	УКЫТУЧЫ
КИТАПХАНӘЧЕ	ЗООЛОГ

77 - Emotions

```
Т  Ң  Ң  Ң  Т  Н  Һ  О  Щ  Т  Р  Ъ  Ь  Ь
Җ  Ы  Э  Ч  Т  Ә  Л  Е  К  Ы  Ә  Ы  Б  У
Н  М  Н  Һ  Б  С  Т  К  Ы  Н  Х  Н  Т  С
И  С  Ә  Ы  Т  Ж  Ф  Һ  Е  Ы  М  А  Б  Я
Щ  К  Ф  Х  Ч  Я  Ъ  Ъ  К  Ч  Ә  З  Ж  Д
Я  Х  С  К  Ә  Л  Һ  Ю  У  П  Т  Л  К  Ә
К  Ү  Ң  Е  Л  Б  Ы  Һ  Р  Ь  К  Ы  А  Ъ
Ө  К  А  У  Б  Е  Б  К  К  Ү  Ц  Л  Й  Х
Ө  Д  Х  О  Т  М  В  Ә  У  В  В  Ы  Г  Ь
Я  Р  Ә  У  Ж  У  Ш  А  Т  Л  Ы  К  Ы  Җ
Л  Ы  Һ  Ү  Ы  И  Й  Я  Ж  Р  Л  Ө  Ъ  Щ
П  Е  Х  Н  А  П  Һ  Г  Җ  Ъ  Т  Н  Я  Ә
И  Г  Е  Л  Е  К  У  У  А  Ч  У  П  Ь  Ч
Ь  А  Е  П  Ц  Ъ  Щ  Ю  О  Н  Х  Ң  Ю  А
```

АЧУ	ИГЕЛЕК
КЫЕК	МӘХӘББӘТ
ТЫНЫЧ	ТЫНЫЧЛЫК
ЭЧТӘЛЕК	КАЙГЫ
КУРКУ	ТУЙГАН
РӘХМӘТ	КҮҢЕЛ
ШАТЛЫК	НАЗЛЫЛЫК

78 - Mythology

```
Я К Ө Ч И Л А Б И Р И Н Т Ү
Ч Ш Ө Ө Г Б Б Г Җ Ж Җ М Ь Л
Җ Ш Е Н Ү Л Е М А А Ф Ә Т Е
Щ Ы Ы Н Ч Г У Т Т Ъ П Д Х М
Ш Ө И У Р Е А Җ Ф Т Щ Ә Ү С
Г Б Щ Җ И Р Л Ө Һ О С Н П Е
К Х Ц Щ В О Л Е Һ Т У И П З
Һ Ү Г С А Җ А Х К Ы Г Я С Л
Ф Ь К Ъ Я А Ы С Ң Ш Ы Т Ь Е
А Р Х Е Т И П Ш Җ Ю Ш Ь Б К
Х Б Т Ь Ь Ы В Щ Ф Х Ч Ө Д Я
О С Щ Ә Д Ү Ө Ц Е Ш Ы Г Д П
Ъ Ә Щ Ч Һ А Н С Т Е Р Һ Е И
Ч С Ү Т У Н Д Е Р Д Л П А Ф
```

АРХЕТИП	ЛАБИРИНТ
ТОТЫШ	РИВАЯТЬ
ИҖАТ	ЯШЕН
МӘДӘНИЯТ	АНСТЕР
АЛЛА	ҮЛЕМ
АФӘТ	ҮЧ
КҮК	КӨЧ
ГЕРО	ТУНДЕР
ҮЛЕМСЕЗЛЕК	СУГЫШЧЫ
КӨНЧЕЛЕК	

79 - Hair Types

```
Т Ш Б П Ш Т С Ю И П Д П Ш Д
К Ө М Е Ш К О Р Ы Е Я О Л Л
Л Ң С С С Ө Р Ь В Л Ъ З Ң В
Б Х Т Л Н Р Ы Г К Ә В Ы Ә Ш
А Ө Е М Е Ә Т В Җ Ш О Н А К
К Г Д Р Ч Н С Ә Л А М Ә Т К
С Ч Б Р К Р Й Р Ц Ә К Х А А
Ә Н О Ш Ә Ч О Ө И С Ы О К Л
Һ Ә Ә Л П В Ф П Я С Ц Д А Ы
У Ю Ы Н Ә В Ы Ң Һ Л О Ж Р Н
Л И Й О М Ш А К Ы С К А Ы Ы
Г Т Щ Ы Ф Ъ С В О Ъ Е Ш П
Р П Я Ъ Ш Ы Л Б И Ж Ч М Ө Ж
Х Ь И А Ь Б К А Р А Ъ Р Я У
```

ПЕЛӘШ	СӘЛАМӘТ
КАРА	ОЗЫН
КАРЫШ	КЫСКА
КӨРӘН	КӨМЕШ
ТӨСЛЕ	ЙОМШАК
КРЙР	КАЛЫН
БӨДРӘ	НЕЧКӘ
КОРЫ	ВАВИ
СОРЫ	АК

80 - Garden

```
Н  Р  Х  В  Е  Д  Ш  Б  Ә  Ң  К  Я  Е  Ъ
Ь  У  Х  Ш  С  Ү  В  О  И  Ж  О  Ч  Е  Һ
Т  Р  А  М  П  О  Л  И  Н  Ф  Й  Д  П  Ү
Е  А  М  Г  У  Щ  А  Ә  Ш  К  М  Я  Щ  И
Р  К  М  Ч  О  В  А  Й  Н  Е  А  Г  А  Ч
Р  Е  О  Б  У  Ш  Т  У  Ф  Р  А  К  Ө  Ч
А  Б  К  Б  А  К  Ч  А  Г  А  Р  А  Ж  Ү
С  У  Д  Я  Ә  Ө  Ө  Н  Ы  Ж  А  Ы  П  П
А  А  Ч  Ә  Ч  Ә  К  Р  Ц  И  Җ  Д  А  Е
С  Ш  Ә  М  Л  Ф  Һ  И  Ә  В  Ң  Ч  Г  Ң
М  Ч  Ң  Ш  Л  Ү  О  Ч  Е  К  К  Җ  Ү  Ь
Я  С  Ө  Ю  И  Е  Ж  Д  К  Ж  В  Т  Ц  М
Ә  Г  У  Ө  Ц  Ү  Н  Ә  О  К  П  Б  М  О
Я  Ә  Ж  О  Ә  Х  К  Ф  Җ  Б  Ф  Ө  Р  А
```

БУШ	РАКЕ
КОЙМА	КӨРӘК
ЧӘЧӘК	ТУФРАК
ГАРАЖ	ТЕРРАСА
БАКЧА	ТРАМПОЛИН
ҮЛӘН	АГАЧ
ХАММОК	ВАЙНЕ
ОШ	ЧҮП
БУА	

81 - Birthday

```
Җ Т Ш Б Ц К Ө Н Ч Ү Б Г М А
Ө Ы О Ф Ѳ О Ү Ш А Т Ү Җ Ч Ә
Л Ф Р В Ц Е Л Ң Ъ Ж Л Т И Б
Н В З И Р Ә К Л Е К Ә О Т Ә
К А Л Е Н Д А Р Ь Л К Р Т Й
Ө К Г Җ М Ы Р Ж К И А Т Ф Р
И Ы Ч А К Ы Р У Л А Р Ч Д Ә
Е Т Ь М А Х С У С Ю Т К У М
Е Х Я Л Ъ Г Ш Ю Җ Б Ы Ц С Ч
Ә Җ Б Ш Ә М Д Б Ә Х Е Т Л Е
Е Ц Ң Е Г К Ю Ч В Л Х Һ А Ы
Ш Ы Ю Ъ Ъ Я Ш Ь О Ж Ө У Р П
Н Ю Е М В К Л В Җ Ь Ю О Т С
В Ш С Е Җ П Ь Ә М Б Ә Щ Ы Х
```

ТОРТ	БӘХЕТЛЕ
КАЛЕНДАР	ЧАКЫРУЛАР
ШӘМ	ШАТ
БӘЙРӘМ	ҖЫР
КӨН	МАХСУС
ДУСЛАР	ВАКЫТ
КҮҢЕЛ АЧУ	ЗИРӘКЛЕК
БҮЛӘК	ЕЛ
БӨЕК	ЯШЬ

82 - Beach

Я	Р	Б	У	Е	Ү	Ж	В	Я	Н	Я	Ы	П	Т
Һ	И	Ң	Ц	П	Н	Ү	К	Ы	Ц	Ш	Ә	С	Г
О	Ф	Д	У	Ц	Л	К	К	Д	О	К	Р	А	Б
М	К	О	Я	Ш	Г	Ы	А	Ө	Ң	А	Д	Я	Я
Н	Ө	Е	С	Ө	Л	Г	Е	К	О	М	И	Н	Л
Я	Й	Г	А	Р	Н	З	Г	Ә	У	К	Ң	К	Н
Ч	М	Ь	Н	Н	Т	Җ	Ә	Я	Ф	В	Г	А	Ү
Щ	Ә	Ц	Д	Ц	Ц	Ю	Ц	Ң	Н	П	Е	Ч	Ә
Ъ	Ш	Е	А	У	Т	Р	А	У	Г	О	З	Ш	А
Щ	Ч	А	Л	Җ	Н	Ф	Д	Ш	Х	Ә	В	Ә	Ө
Ф	О	А	Н	Ы	Т	Х	Ө	Ә	Щ	И	Р	Һ	Е
Ө	М	К	Т	Л	А	Г	У	Н	А	С	Щ	Я	К
Ъ	К	Ү	Л	Ы	Ң	У	Ң	Ч	К	Н	Ң	Г	П
К	У	Ы	С	Б	Р	Ц	Ю	Ә	Ъ	И	К	Ц	Ф

ЗӘҢГӘР
КӨЙМӘ
ЯР БУЕ
КРАБ
ДОК
УТРАУ
ЛАГУНА
ОКЕАН
РИФ

САЯНКА
КОМ
САНДАЛ
ДИҢГЕЗ
КОЯШ
СӨЛГЕ
ЧАТЫР
ЯЛ

83 - Adjectives #1

```
С К М Ч И О Я М Җ Х Д К С Ц
А Ә А Ш Ъ Х Р Ө И М А Т У Р
Т В Н Ө Ш Ш Д Һ Т Г В Б Н Н
Р Г А Г Ь А Ә И Д Һ Ы Е Ә Е
А А М Э А Ш М М И Ю Р Я Һ Ч
К Д Б К Б Т А Р О М А Т И К
Т Е И З С Т Ь Ң Б А К Ц Р Ә
И Л Т О О А Р Һ З Р Р Б С Н
В Ы И Т Л М С И А Т Ы Ә П Ь
Ф В О И Ю Ч Я К М У Н Х Е Ж
Ж Щ С К Т В Ф Ы А Ъ Ч Е Н Х
Ы Һ Х Д Ю П Ә Җ Н Р Д Т Ү Һ
С Җ Ц Ч Г К Ш Ч Ч Ы А Л В Ш
Ү Р Ъ Л Ъ Ы Б В А Б К Е Ш Д
```

АБСОЛЮТ	АВЫР
АМБИТИОС	ЯРДӘМ
АРОМАТИК	ГАДЕЛ
СӘНГАТЬ	ОХШАШ
АТРАКТИВ	МӨҺИМ
МАТУР	ЗАМАНЧА
КАРА	ҖИТДИ
ЭКЗОТИК	АКРЫН
ЮМАРТ	НЕЧКӘ
БӘХЕТЛЕ	

84 - Rainforest

```
И  Җ  Х  Ө  Р  М  Ә  Т  Ө  П  Ф  Ь  Б  Һ
Ң  М  Ә  А  М  Ф  И  Б  И  Я  Л  Ә  Р  Д
И  Ь  Е  М  С  Ы  Е  Н  У  Ш  Ю  Ы  Ц  Ю
Ф  Ю  Ъ  З  Ә  А  Б  Ө  Җ  Ә  К  Һ  Д  О
Ц  У  Җ  Ү  Г  К  Ъ  Л  В  О  Н  Ж  К
И  В  Л  Ш  Г  Ч  А  Л  В  Е  Ш  Е  У  Л
П  Ш  Ю  Т  М  Ч  Е  Т  А  Ш  Л  С  Н  И
Б  О  Т  А  Н  И  К  Ө  Ь  У  А  Т  Г  М
П  В  В  Б  Ч  Щ  Я  Р  Ү  Һ  Р  Я  Л  А
В  Ь  И  И  Р  Д  Д  И  В  Е  Р  С  И  Т
Х  А  В  Г  Һ  К  Ы  Й  М  М  Ә  Т  Л  Е
Г  И  М  А  Ә  И  О  Я  Е  Ю  Е  Ш  Ь  Б
Р  Ө  Ә  Т  Р  Ц  Б  Ю  К  К  Ө  Л  О  Ю
Ы  В  Г  Ь  Л  Я  Щ  Һ  Ә  Ө  Ө  Р  В  Ы
```

АМФИБИЯЛӘР	ИМЕЗҮЧЕ
КОШЛАР	ЮЕШ
БОТАНИК	ТАБИГАТЬ
КЛИМАТ	САКЛАУ
ҖӘМӘГАТЬ	СЫЕНУ
ДИВЕРСИТ	ХӨРМӘТ
ТӨП	ТӨР
БӨҖӘК	ЯШӘВЕ
ДЖУНГЛИ	КЫЙММӘТЛЕ

85 - Technology

```
М О Ю Е Х Щ О Ү Ъ О Ч Б У Р
Ә П Ю Ю И Д Г И Т Щ Л Ү Х М
Г П Ф А Й Л Җ Х Ә Б Ә Р Һ С
Ъ Б Р А У З Е Р К А М Е Р А
Л Ш М О Н П С Ү У Й С И Ә Н
Ү Г Ь Щ Г Ы Г В Р Т Т Н Ю Л
М К Һ Ң У Р Б Л С О А Т Ш Ы
А Б Я У Ж Ю А Ф О Н Т Е Ц У
Т Ж Л Т Щ Ц Х М Р В И Р У С
Л Ъ Л О Б Е Ъ У М Ь С Н Г Я
И Ә Ш Б Г А Ъ П Җ А Т Е П Ф
Ю Т И К Ш Е Р Е Н Ү И Т Ь Ш
К О М П Ь Ю Т Е Р Э К Р А Н
В И Р Т У А Л Ь Л Я А И Г Д
```

БЛОГ
БРАУЗЕР
БАЙТ
КАМЕРА
КОМПЬЮТЕР
КУРСОР
МӘГЪЛҮМАТ
САНЛЫ
ФАЙЛ

ФОНТ
ИНТЕРНЕТ
ХӘБӘР
ТИКШЕРЕНҮ
ЭКРАН
ПРОГРАММА
СТАТИСТИКА
ВИРТУАЛЬ
ВИРУС

86 - Landscapes

```
Н  Н  Д  А  Ж  Н  С  Ю  С  Һ  К  Ц  Ң  Ц
Ә  Ш  Ы  Ү  Б  У  Д  К  А  А  Х  Ф  А  А
Ю  Х  Т  О  Ж  Щ  П  У  З  Г  Х  В  Җ  Д
Б  Ь  Ф  Б  Ц  У  О  Е  Ъ  Ъ  К  В  П  И
О  Г  Е  Й  З  Е  Р  В  Щ  О  Т  Ә  Л  Ң
З  Я  Х  Ж  Т  У  П  У  Т  Р  А  У  Я  Г
Л  О  Р  П  А  Х  И  Л  Л  Ш  Й  З  Ж  Е
Ы  Ц  Ь  Ы  У  Ж  Ъ  К  Ь  А  С  Ц  И  З
К  Ь  Ө  И  М  Ә  Г  А  Р  Ә  Б  Ә  Х  С
Ү  Ч  Ң  Я  Ң  У  Л  Н  И  Т  Е  Л  Г  А
Л  Ү  З  Ә  Н  И  Т  У  Н  Д  Р  А  Ы  П
П  Л  Б  Ц  Т  К  С  Р  Һ  Н  Г  Щ  А  И
Ш  А  Р  Л  А  В  Ы  К  А  Х  Д  Җ  Ж  Ю
О  К  Е  А  Н  Ж  В  Л  Ө  У  Н  С  Ң  Л
```

ПЛЯЖ	ОАЗИС
МӘГАРӘ	ОКЕАН
ЧҮЛ	ЯРЫМУТРАУ
ГЕЙЗЕР	ЕЛГА
БОЗЛЫК	ДИҢГЕЗ
ХИЛЛ	САЗ
АЙСБЕРГ	ТУНДРА
УТРАУ	ҮЗӘН
КҮЛ	ВУЛКАН
ТАУ	ШАРЛАВЫК

87 - Visual Arts

```
Ж Ю А Р Х И Т Е К Т У Р А Х
Ф И Л М А Ѳ К Е Р А М И К А
К О К Ү Р Е Н Е Ш М Л Һ Х Р
Ѳ О Т М О Л Ь Б Е Р Т Ә Ң К
Щ Ь М О Е Ю Ш Е Д Ә В Һ М О
С Ь Ә П Г Н Е Г Е С Ы Н Ю А
Х Ѳ Б Ѳ О Р Ц М В С Д О Ш Л
Л О Ы Җ Ә З А Ц Р А Е С А П
Б А Л Ч Ы К И Ф Т М Ю Ң Я Я
Т Щ В А И Н Җ Ц И Җ П Р Р Ы
Д Ү Ш К Я Ь А Ц И Я Ә Ю В И
Р Ә С Е М Е Т Г Щ Я Ы Ь Ж Ъ
Б А Л А В Ы З К И Л Ә Ч Ә К
Ү О Т Р А Ф А Р Е Т Ң В Ә У
```

АРХИТЕКТУРА	ШЕДЕВР
РӘССАМ	КҮРЕНЕШ
КЕРАМИКА	САП
ЧАК	КАЛӘМ
ХАРКОАЛ	КИЛӘЧӘК
БАЛЧЫК	ФОТОГРАФИЯ
КОМПОЗИЦИЯ	РӘСЕМ
ИҖАТ	СЫН
МОЛЬБЕРТ	ТРАФАРЕТ
ФИЛМА	БАЛАВЫЗ

88 - Plants

```
Щ Р Л И Х Ь Ч Ә Ө У Ү Б Ж Ш
Р Ө О Д Ч И У Ъ Ж Ь У А Ө Ү
Б К А Р Ы Б Щ Я Х Ә Ъ М Ц Ц
М У Е Б Ц Р Я Һ Б Җ М Б Л Т
Т В Ш Ь Т С В Г О Ш Т О Ц Д
Ж Ф Ф Т А М Җ Б Т Н Ү Һ Ә Ц
А Ш Л А М А Б К А К Т У С Я
Г Ц Т О Ы Ү Л Ә Н Н И Г Е З
А У Б Е Р Р И В И Ъ Ь Н Ш Х
Ч Р П Е Ы А Я С К Б А К Ч А
Ә М У Ь Х П Е Т А Л С Ә Ң Л
Ч А Я Ф Р А К Ә Ю Ш А И У Ң
Ә Н Д Л Ю Е Ш Л Ч У Ү О М Ң
К Ү С Е М Л Е К Л Ә Р Ц Р Ф
```

БАМБО	УРМАН
БАНЬ	БАКЧА
БЕРРИ	ҮЛӘН
БОТАНИКА	ИВИ
БУШ	ЮЕШ
КАКТУС	ПЕТАЛ
АШЛАМА	ТАМЫР
ФЛОРА	НИГЕЗ
ЧӘЧӘК	АГАЧ
ЯФРАК	ҮСЕМЛЕКЛӘР

89 - Countries #2

```
Х Ф Ц Ң Х С Б Ж С У Д А Н Ж
Ә А Ү С А О Я Ү Г И Г Б Р Я
Б Г Г И Л М У Х И Р Р Г Ш П
Ә Ю Ү Ы И А Г С Г О Ф И А О
Ш П Ы Җ Б Л А О С С Һ Х Я Н
С П А У Е И Н Ь Д С Ф К Л И
Т Е Д К Р Д Д А Н И Я Я И Я
А Г Ь Р И У А Ц Е Я А М В Н
Н В А А Я С В Ю П Ә Л А А И
П Н Е И Х Һ Т У А Ф Б Й Н Г
Ң Е Х Н Т Т Г А Л Ң А К Ш Е
У С Д А Ю И У М Н Я Н А Ы Р
М Е К С И К А О Н Ъ И Җ Ә И
Л Л О Ъ Г Р Е Ц И Я Я Ф Г Я
```

АЛБАНИЯ	МЕКСИКА
ДАНИЯ	НЕПАЛ
ХӘБӘШСТАН	НИГЕРИЯ
ГРЕЦИЯ	ПАКИСТАН
ГАИТИ	РОССИЯ
ЯМАЙКА	СОМАЛИ
ЯПОНИЯ	СУДАН
ЛАОС	СИРИЯ
ЛИВАН	УГАНДА
ЛИБЕРИЯ	УКРАИНА

90 - Ecology

```
Ү Ө Ү Ф П Ө К Ф П К А Д Ж Т
К С Ц Ь Ъ С Ф Л Д Ң Е У Ө А
О Т Е Т И Ң Ч О И Ң Л Ы Т Б
Р Ъ Ш М Б Т Ө Р Ң М Б Щ Ө И
Ы Х Ь А Л О Ң А Г Р А Н Р Г
Л Ы Х Р Ф Е Ә П Е Ч Й Т Л А
Ы Ь В Ш Я Ф К Д З Ө Л О Е Т
К О Б Щ И Н А Л А Р Ы Т Л Ь
Ч Ә Х Ж Р Х Т И Ә Ж К Р Е Ф
П Ө Ң Х Е М К Ю Ж Р Г Ы К А
Щ Б Ү Л К Ф Ь Ц Я П Б К Ч У
Ү С Е М Л Е К М В Е Ь Л Я Н
С Л К Ө Е Ж Я Ш Ә В Е Ы А А
К Ф Ю К Г Д Д И В Е Р С И Т
```

КЛИМАТ	ҮСЕМЛЕК
ОБЩИНАЛАР	БАЙЛЫК
ДИВЕРСИТ	ТӨР
КОРЫЛЫК	ЯШӘВЕ
ФАУНА	ТОТРЫКЛЫ
ФЛОРА	ТӨРЛЕЛЕК
ДИҢГЕЗ	ҮСЕМЛЕКЛӘР
МАРШ	ИРЕКЛЕ
ТАБИГАТЬ	

91 - Adjectives #2

```
Ә М Ң Ъ Ө Щ Ц Һ Ъ Щ Н Ы Б Б
И Щ А К Ө Ч Л Е Һ Я Ә К Й У
Т Щ Ң Ы К Ы Р Г Ы Й И О О П
Т О Я З С В Я З У Л А Р К Һ
А И З Ы Ң П У Ң Ы Ш Л Ы Ы Я
Б Җ Ч К Ы Ө Е Җ А В А П Л Ы
И А Р Ц Н Ә Ф И С Ч Ч Һ С Ш
Г Т Ө Я Ю В Ф Ю Ы Ш Ъ М Ә Г
А Д А Н К К Р Җ Л Ш Ә Е Л О
Т Б Ү Л Ә К Л Ә Н Г Ә Н А Р
Ь Ф В Х Б П Щ А Җ О Ң Ц М У
К Ъ Ф И Ф Ө Ә Г Ә Ы Ә Л Ә Р
Г Ч Җ Н Д М Ә Ү Ы Ж Щ У Т П
Ц Ъ Ц К А Й Н А Р Ө Ч Ч Е Д
```

АСЫЛ	КЫЗЫК
ИҖАТ	ТАБИГАТЬ
ЯЗУЛАР	ЯҢА
КОРЫ	УҢЫШЛЫ
НӘФИС	ГОРУР
ДАН	ҖАВАПЛЫ
БҮЛӘКЛӘНГӘН	ТОЗ
СӘЛАМӘТ	ЙОКЫ
КАЙНАР	КӨЧЛЕ
АЧ	КЫРГЫЙ

92 - Math

```
А Д И А М Е Т Р Т М М Г Э М
Ң Р Е К Т А Н Г Л Ь О Е К К
Ф Т И С Ү Л Ч Ә Ү У Ң О С Ә
Ц Р П Ф Ө Р А Д И У С М П Д
А Ь А Ө М Н С У М Ц А Е О Ш
Л П Р К Ы Е Н У Н Л Ы Т Н С
О Б А Ө Ц О Т Ә Щ Я Т Р Е М
Щ Ъ Л Ч Ф И Б И Т Ң И И Н Ә
Ж Р Л П Л Т Я Җ К Л Г Я Т Х
П Ь П О Л И Г О Н А Е Ң Ъ Ә
Р Р С Ч Н Д Ж К П Ж З К Г Б
Һ С И М М Е Т Р И Я Л Ю Е Б
Ш Ы Ч А Т О М Ү Ө О Ә Ю Т Ә
Я И Щ К Ш Ж В Ө Җ К Ү Ъ Е Т
```

АРИФМЕТИКА	ҮЛЧӘҮ
СӨННӘТЛЕК	МӘХӘББӘТ
УНЛЫ	ПОЛИГОН
ДИАМЕТР	РАДИУС
ТИГЕЗЛӘҮ	РЕКТАНГЛЬ
ЭКСПОНЕНТ	СУМ
ФРАКЦИЯ	СИММЕТРИЯ
ГЕОМЕТРИЯ	ӨЧПОЧМАК
ПАРАЛЛ	ТОМ

93 - Water

```
Х Б А Ң Т Х Ә Х Ө Ш М Д Н Д
Җ Е Л Г А О Ф Г Ж К Б У Н Ы
Н З Ю О Р Ң Р В Ү Щ Ы Л Ш М
Ө Н Ь С Я Т Ъ М П Җ К К О Т
Р Е И П П Я Ң Г Ы Р Ү Ы К У
П Ү Т Д А В Ы Л М Ш Ң Н Е Ф
Җ Л А К Р Р Г Е Й З Е Р А А
Ң Б Й Ч Ж Ң Л М Б И Л К Н Н
Б Л Д Н Ы Щ В А Р П Х Ө Ц Х
О Щ Е Ы У К Ә Ь Н М М Л В Е
З А Ы Ъ Л А Ю Ю С У Г А Р У
Ь Ң С О П Н Г Ә Н Ы Н Х Ь П
А Щ К Л Җ А Д М О С Щ Т О С
Ң В Һ И А Л Щ Ц Ү Ч Ә О Е А
```

КАНАЛ	КӨЛ
ДЫМ	ТОРМЫШ
ПАРЛАНУ	АЙ
ТУФАН	ОКЕАН
АЧЫК	ЯҢГЫР
ГЕЙЗЕР	ЕЛГА
БЕЗНЕ	КҮҢЕЛ
ДАВЫЛ	СНО
БОЗ	ПАР
СУГАРУ	ДУЛКЫН

94 - Activities

```
В  Ф  Н  Ө  У  Г  Һ  Ь  И  Ф  Б  И  Ю  Ы
М  Ю  С  Н  Ө  Е  Ө  М  Ы  О  А  О  С  Ң
А  К  А  М  П  И  Н  Г  С  Т  К  Ч  Ъ  К
Р  С  Ь  С  Ә  Ц  Ә  Н  Л  О  Ч  Д  Б  Г
Ч  Ә  Б  М  Ш  Ж  Р  Г  А  Г  А  Ъ  А  А
К  Н  Х  О  О  У  М  Ь  У  Р  Ч  Т  Л  Ф
Ф  Г  Х  Ә  Н  К  Б  Б  Ч  А  Ы  Е  Ы  Ъ
Һ  А  Р  Ч  Т  У  В  Э  Ы  Ф  Л  Г  К  Л
Ң  Т  Х  Ю  Ү  Л  Ң  Ш  Л  И  Ы  Ү  Т  Ң
Ү  Ь  Х  Я  Ң  Д  Е  Г  Ы  Я  К  М  О  Ө
Е  Е  Ч  У  Л  Д  У  К  К  А  Т  Н  Т  Ө
К  Ъ  И  О  К  Ц  Ъ  Һ  Д  Һ  У  Щ  У  У
Т  Ә  Н  Я  М  А  Г  И  Я  В  Л  Ң  Ң  Т
У  Ң  П  П  Ө  Ү  Ы  К  Ф  Ж  Х  Ө  Б  В
```

ЭШ
СӘНГАТЬ
КАМПИНГ
ҺӨНӘР
БИЮ
БАЛЫК ТОТУ
УЕННАР
БАКЧАЧЫЛЫК

АУЧЫЛЫК
ЯЛ
МАГИЯ
ФОТОГРАФИЯ
РӘХӘТЛЕК
УКУ
ТЕГҮ

95 - Literature

Ь	Ч	Я	П	М	И	Ө	Ң	Ю	Н	В	Ч	Ю	Ж
Р	Ш	Н	А	Е	С	Ү	В	Н	Т	Е	Ю	А	Ы
И	И	Щ	Н	Т	С	А	Т	А	Ч	Ж	Щ	Р	Ф
Т	Г	Ф	Л	А	Ф	Щ	Х	В	Ы	И	Н	Ъ	А
М	Ъ	Ю	М	Ф	Ң	Л	М	Ч	С	Ә	А	Я	Ж
Щ	Р	Ә	Т	О	Ә	Я	Щ	Ө	У	Т	Н	Н	И
Б	И	О	Г	Р	А	Ф	И	Я	Л	И	А	Н	Г
Ф	Щ	Т	А	С	В	И	Р	Л	А	У	Л	Ә	А
Ф	И	Д	А	Н	А	Л	И	З	Ц	П	О	Т	А
М	Н	К	С	Ю	Е	Д	И	А	Л	О	Г	И	В
Ч	Ү	Ә	Е	Я	К	К	Щ	Ш	Ө	Е	Ө	Җ	Т
Ш	Г	Ш	Ң	Р	У	Й	Д	Ы	Р	М	А	Ә	О
С	Р	Л	Т	Ф	М	С	Р	О	М	А	Н	Ө	Р
Ч	А	Г	Ы	Ш	Т	Ы	Р	У	Т	Е	М	А	Р

АНАЛОГ	МЕТАФОР
АНАЛИЗ	РОМАН
АНЕКДОТ	ФИКЕР
АВТОР	ПОЕМ
БИОГРАФИЯ	ШИГЪРИ
ЧАГЫШТЫРУ	РИФМ
НӘТИҖӘ	РИТМ
ТАСВИРЛАУ	ЫСУЛ
ДИАЛОГ	ТЕМА
УЙДЫРМА	ФАҖИГА

96 - Geography

```
Т М У Җ Р Б О Щ И Җ Т У К Я
Щ Е Т Ө Н Ь Я К Җ У А Ү Ы Р
Ә Р Р Е Г И О Н Е К У К Й Ы
Ң И А Р Д Ө Н Ь Я А А Я И Т М
Х Д У Х И Ш Ә Һ Ә Р Н Ң Г Ш
Н И Җ А Ң Т Т Ң И Т П Л А А
П А Щ Т Г Б О С К А Ү Е Ь Р
Б Н П Л Е Ү Ь Р Ү Ф Ә К С Ч
И У У А З Ш Ж Ч И Щ Һ Ь Щ Һ
Е Л Ф С Б Я Т Ф Л Я С Ү П Б
К Ө Н Б А Т Ы Ш Е Л Г А Ч О
Л Д Д Г Ү Җ Щ Я И Р К А Я Һ
Е Т Ъ Ч И Җ Е Б Ө Ч И Ш Ә Т
К Ө Н Ь Я К Г К Р М Я Л Т Н
```

БИЕКЛЕК	ТАУ
АТЛАС	ТӨНЬЯК
ШӘҺӘР	ОКЕАН
КЫЙТГА	РЕГИОН
ИЛ	ЕЛГА
ЯРЫМШАР	ДИҢГЕЗ
УТРАУ	КӨНЬЯК
КИҢЛЕК	ТЕРРИТОРИЯ
КАРТА	КӨНБАТЫШ
МЕРИДИАН	ДӨНЬЯ

97 - Pets

В	М	П	Щ	Ү	Р	С	Р	Т	О	Җ	Ш	Җ	Ц
Л	Е	А	Ш	Е	Н	О	Ж	Ь	У	Җ	Б	В	У
Э	Т	Т	Ь	Ө	М	Н	У	Е	Җ	Т	С	Щ	Җ
Р	Ә	А	Е	Ш	К	Я	Ь	К	Һ	Ы	Һ	У
К	Р	Ш	Е	Р	Б	А	Л	Ы	К	К	Е	Й	Ң
Х	Л	Б	О	Г	И	Ц	Щ	Р	У	О	Р	Н	А
Җ	Ә	А	З	Ы	К	Н	И	Ц	Я	Й	К	Ч	Ә
Т	Н	К	А	Т	Д	Ң	А	У	Н	Р	Л	Ф	Б
Л	Ы	А	У	Щ	Ь	Д	Ц	Р	Г	Ы	А	О	В
Ъ	Ы	Ч	Л	И	З	А	Р	Д	И	К	В	С	У
Д	Ү	Һ	К	У	Ч	А	Я	К	Ң	Я	С	У	Я
Ч	Ж	Я	Ә	А	Е	Ч	В	Ь	Ю	Җ	П	Ы	Р
Ж	И	Ь	Җ	С	Н	Н	С	Ф	Ң	Ъ	Ф	Ө	Ф
Л	Ы	Р	Ә	С	Һ	Ә	И	Р	Ы	И	Һ	Ч	К

KAT TYЧKAH
КЛАВС ТУТЫЙ
СЫЕР АЯК
ЭТ КУЧ
БАЛЫК КУЯН
АЗЫК КОЙРЫК
КӘҖӘ ТАШБАКА
ӘРЛӘН ВЕТЕРИНАРИЯ
ЛЕАШ СУ
ЛИЗАРД

98 - Nature

```
Я О Т Т Х К Ы Р Г Ы Й Җ М Ф
Ф Ә У В О А Ъ Б И Г Ү М Ө Д
Е Т Ц А Е М Й Я Һ А Ө Ч Һ С
А Р К А Л Ы А В Д Д Ш Ү И И
Ь Ө Ы Ү Г Р К Н А И Е Л М Р
Я У Р М А Н Р Ө Б Н Ш Ф Ы Ц
Т Ы Н Ы Ч Ь Е Е О А Н А В Я
С Э Р О З И Я Һ З М Х А Т Щ
Ш Е Ъ В Ә Ы Ф Н Л И Е Ң Р Ф
Г В Р Ы Ы Я Р Ц Ы К Н Т О Д
Н Ж И Е Ц Ә А Н К Б Һ А П Ә
Ь Г Т Л Н Я К Ы Ү Ө Е Ц И Д
Л К Л Ө Т Е Х Л Һ Ч Ә Ц К Р
Җ М Ү М А Т У Р Л Ы К Д М Ч
```

ХАЙВАННАР	УРМАН
АРКАЛЫ	БОЗЛЫК
МАТУРЛЫК	ТЫНЫЧ
ЧҮЛ	ЕЛГА
ДИНАМИК	СЕРЕНЕ
ЭРОЗИЯ	ТРОПИК
ТОМАН	МӨҺИМ
ЯФРАК	КЫРГЫЙ

99 - Championship

Ч	М	Ы	Б	Һ	Ө	У	Ф	В	Ѳ	К	Л	Т	Н
Е	Е	С	Щ	О	Ң	Җ	И	Ң	Ү	О	Ц	У	Ъ
М	Д	М	Ә	Ү	Р	Л	Н	Һ	Ь	М	Ф	Р	В
П	А	О	П	В	О	Ж	А	А	Һ	А	Ю	Н	Ъ
И	Л	Т	Е	И	Г	Ш	Л	Л	Г	Н	Е	И	Җ
О	Ь	И	Т	Ц	О	П	Ч	И	Х	Д	В	Р	Р
Н	Л	В	Р	Б	Л	Н	Ы	Г	Г	А	Т	Т	Ъ
А	Ю	А	Е	П	У	Ь	А	Ә	В	А	Ч	Т	В
Т	С	Ц	Н	Ү	С	П	О	Р	Т	Ш	К	Р	Б
В	О	И	Е	Ю	Ф	У	Х	Т	Д	П	Ь	О	Ы
Е	Ю	Я	Р	Ѳ	Ч	Ы	Д	А	М	Л	Ы	К	Ѳ
У	Е	Н	Н	А	Р	Л	У	Ь	Б	Щ	Д	Х	Ы
С	Т	Р	А	Т	Е	Г	И	Я	Я	Ъ	А	Ю	Я
Ә	П	О	Ж	В	Е	Н	Щ	Х	Х	А	Д	Р	Ъ

ЧЕМПИОН
ЧЕМПИОНАТ
ТРЕНЕР
ЧЫДАМЛЫК
ФИНАЛЧЫ
УЕННАР
СУДЬЯ
ЛИГА

МЕДАЛЬ
МОТИВАЦИЯ
СПОРТ
СТРАТЕГИЯ
КОМАНДА
ТУРНИР
ҖИҢУ

100 - Vacation #2

```
И О Б Ф Т П М В Ю Ү Л Ң Щ Ө
Ң Л Ә Е Ъ Ы А М Ә Ө Ш С Җ Л
К А М П И Н Г С Е Б Ы Т К Ю
Р Э С Ь Д Ә О Ч П И Х Е Х Т
Т Р Б Ә Й Р Ә М Ә О Н М К П
П О Е З Д И Ң Г Е З Р Ч У Ч
Л П Ч И Т И Л Е Ж Ч Т Т Н Д
Я О А Т А Ш У Т К В Җ К А Ң
Ж Р Т Ф О Т О Л А Р Б Ж К Г
Б Т Ы Ы Ф Ф М У Р Ы Н С Х Щ
Ф А Р С Ә Я Х Ә Т Ө Һ Л А М
Х К О П Ы Р Л П А Р Р Ң Н Ц
Д С Ы Ф Р Е С Т О Р А Н Ә П
В И З А Ж Һ Ч Х О Һ Р У Һ Ы
```

АЭРОПОРТ	КАРТА
ПЛЯЖ	ПАСПОРТ
КАМПИНГ	ФОТОЛАР
УРЫН	РЕСТОРАН
ЧИТ ИЛ	ДИҢГЕЗ
БӘЙРӘМ	ТАКСИ
КУНАКХАНӘ	ЧАТЫР
УТРАУ	ПОЕЗД
СӘЯХӘТ	ТАШУ
ЯЛ	ВИЗА

1 - Food #1

2 - Castles

3 - Exploration

4 - Measurements

5 - Farm #2

6 - Books

7 - Meditation

8 - Days and Months

9 - Chess

10 - Food #2

11 - Family

12 - Farm #1

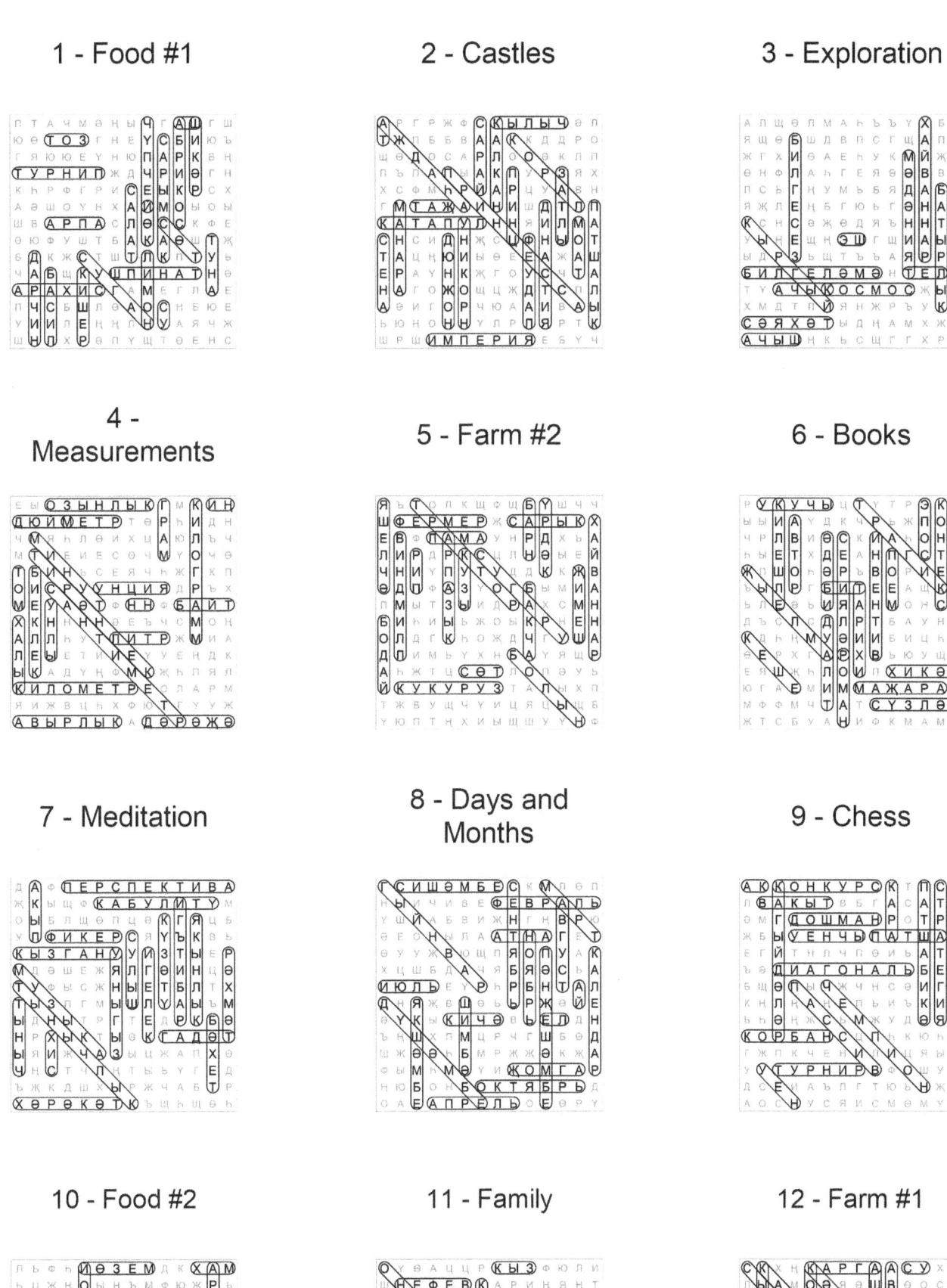

13 - Camping

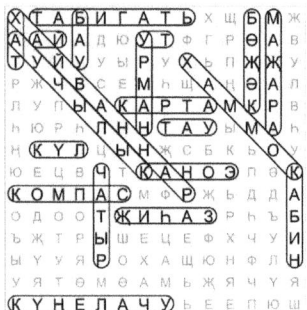

14 - Conservation

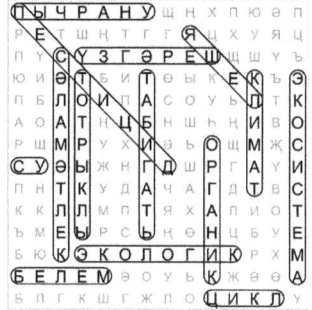

15 - Cats

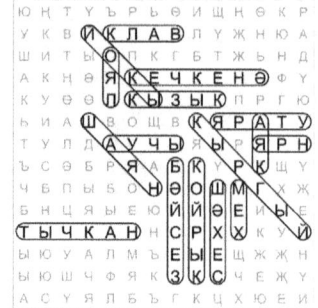

16 - Numbers

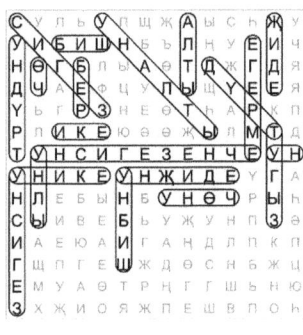

17 - Spices

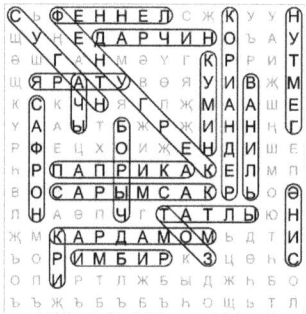

18 - Mammals

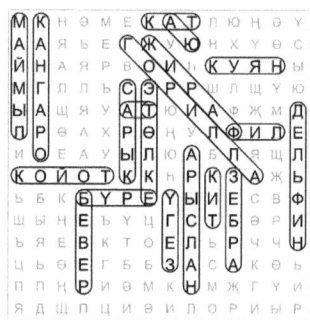

19 - Fishing

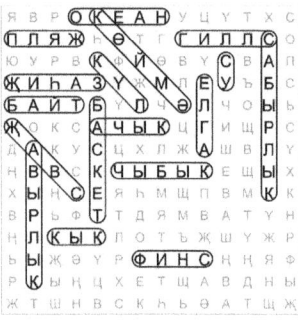

20 - Restaurant #1

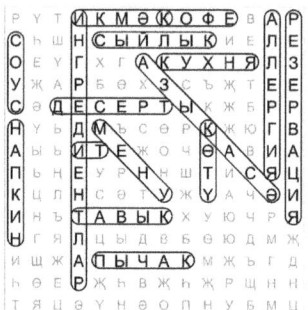

21 - Bees

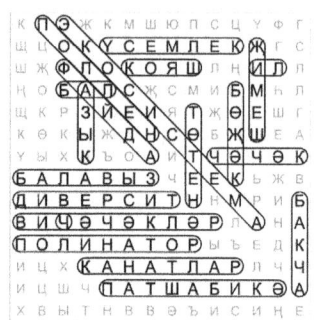

22 - Sports

23 - Weather

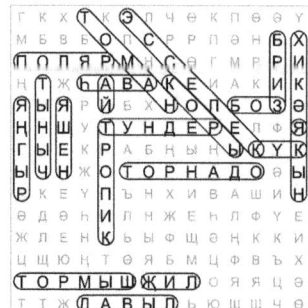

24 - Adventure

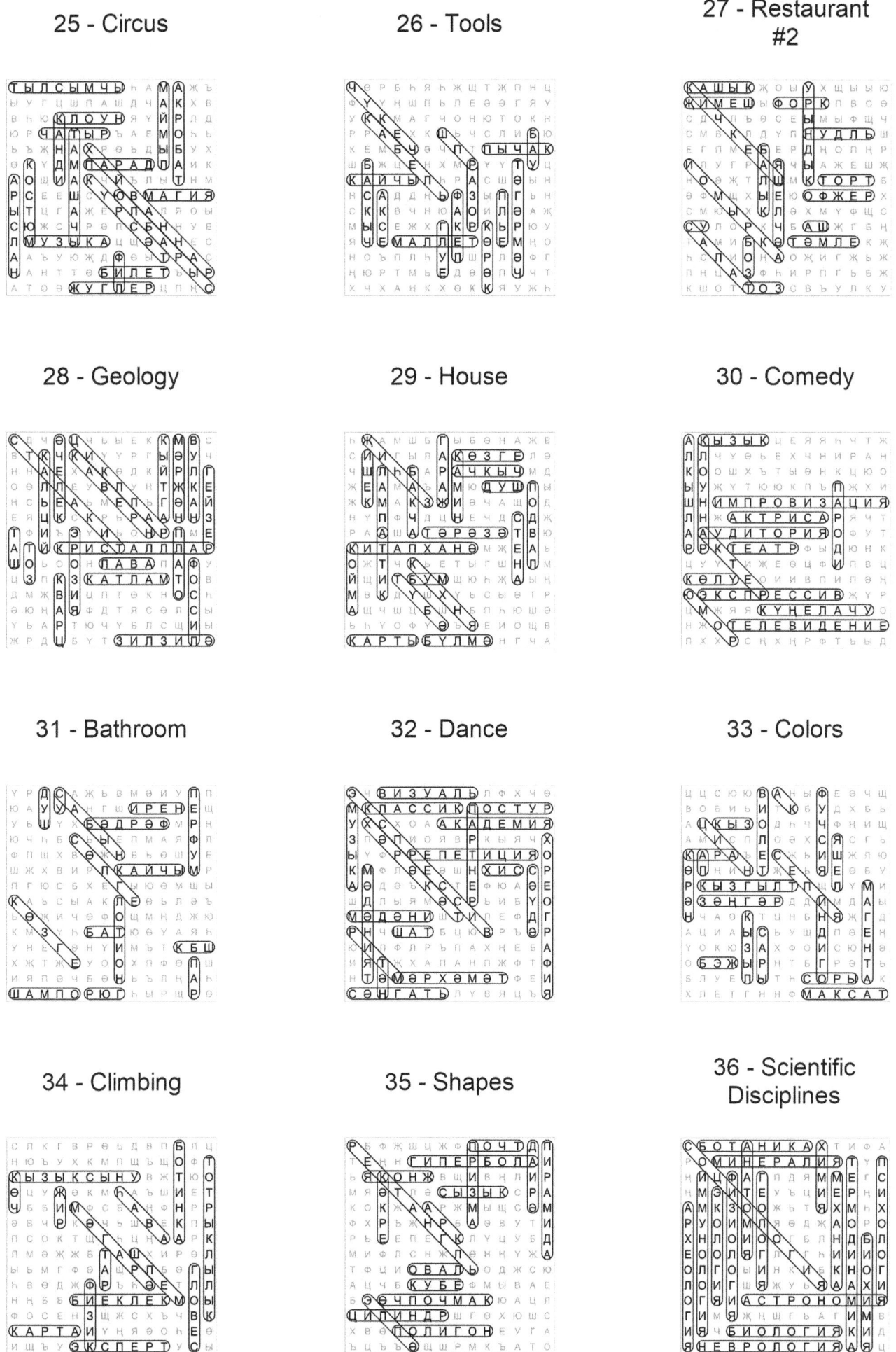

37 - School #2

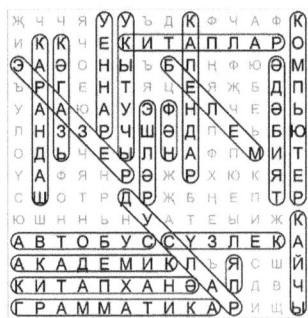

38 - Science

39 - To Fill

40 - Summer

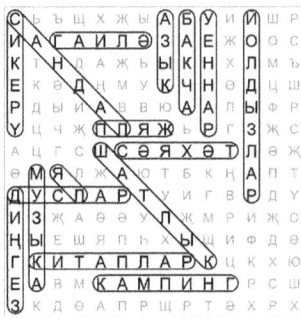

41 - Clothes

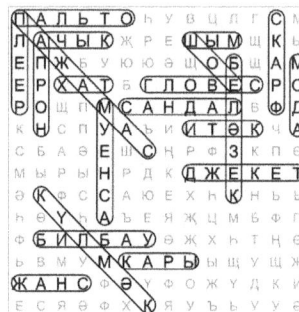

42 - Insects

43 - Astronomy

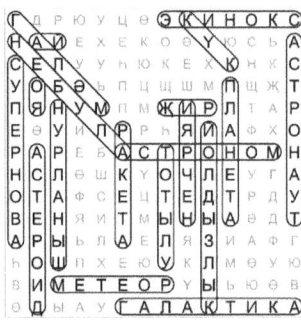

44 - Pirates

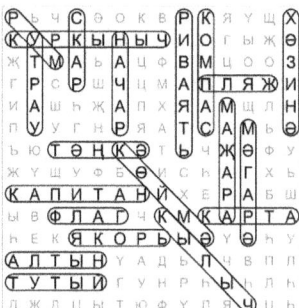

45 - Time

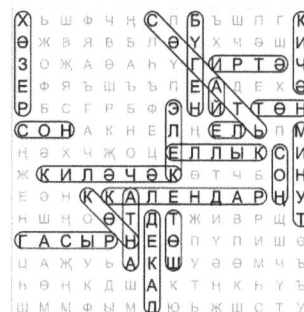

46 - Buildings

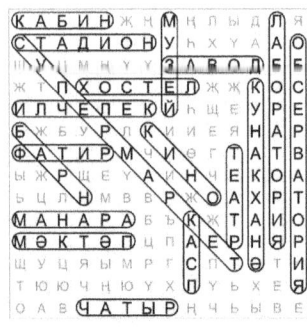

47 - Herbalism

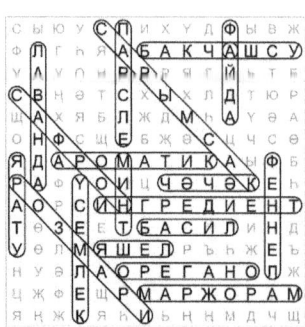

48 - Toys

49 - Vehicles

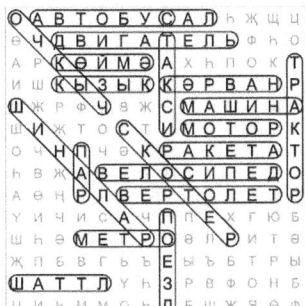

50 - Flowers

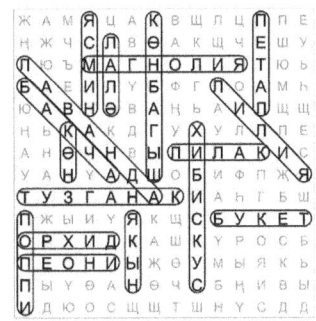

51 - Town

52 - Antarctica

53 - Ballet

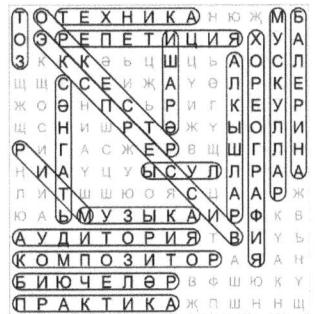

54 - Human Body

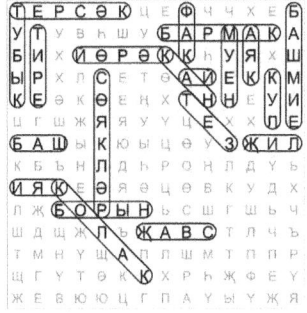

55 - Musical Instruments

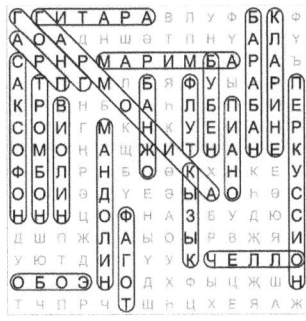

56 - Cooking Tools

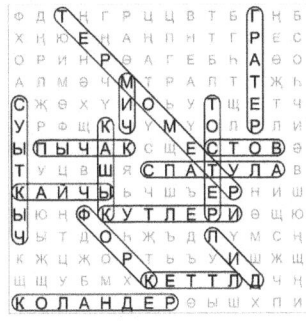

57 - Fruit

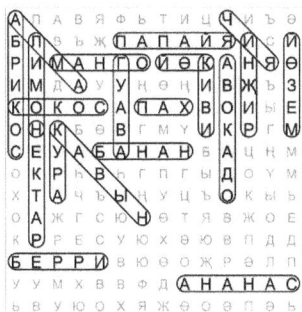

58 - Virtues #1

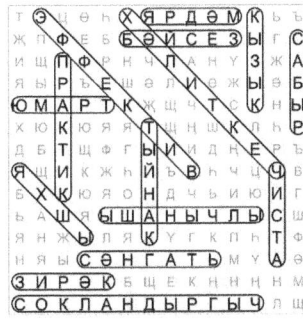

59 - Kitchen

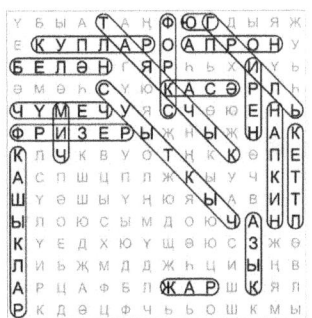

60 - Art Supplies

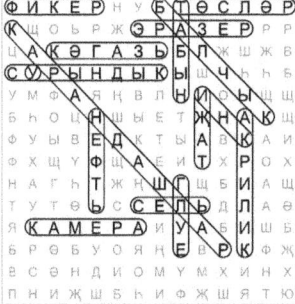

61 - Science Fiction

62 - Airplanes

63 - Ocean

64 - Birds

65 - Art

66 - Nutrition

67 - Hiking

68 - Professions #1

69 - Dinosaurs

70 - Barbecues

71 - Chocolate

72 - Vegetables

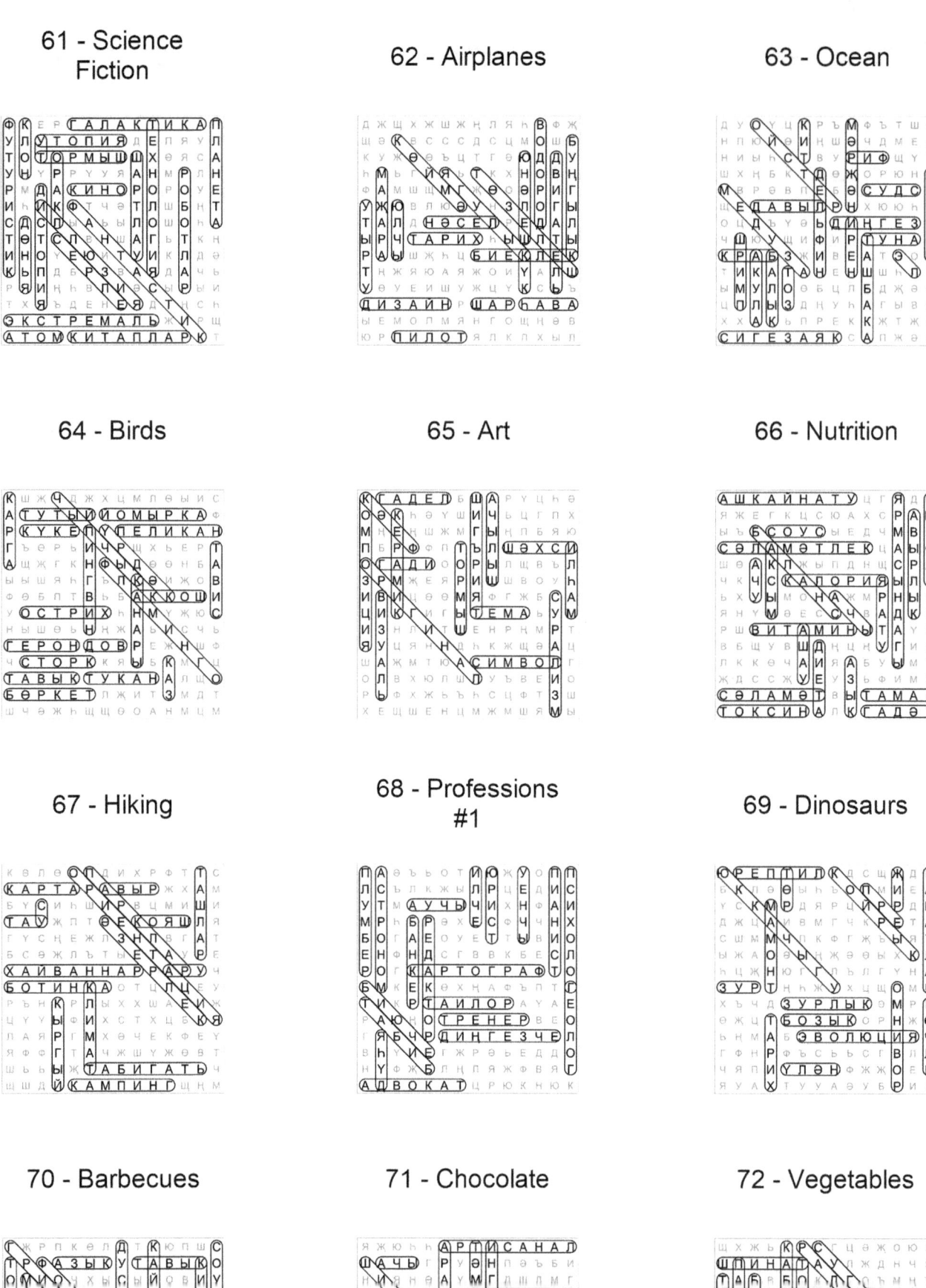

73 - Boats

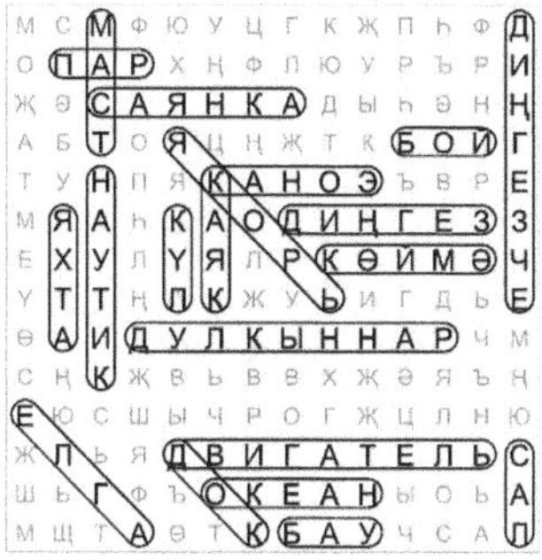

74 - Activities and Leisure

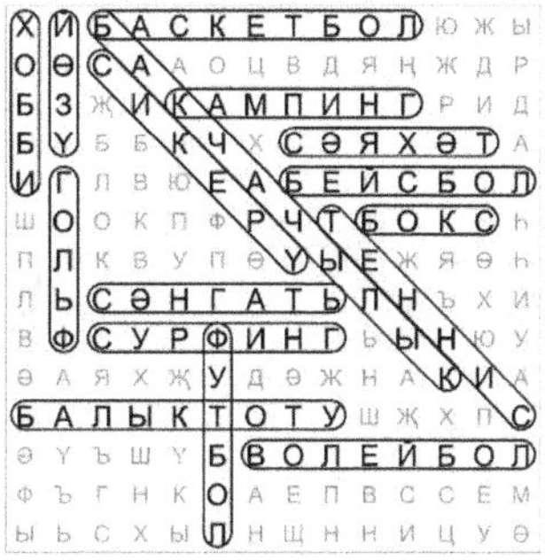

75 - Driving

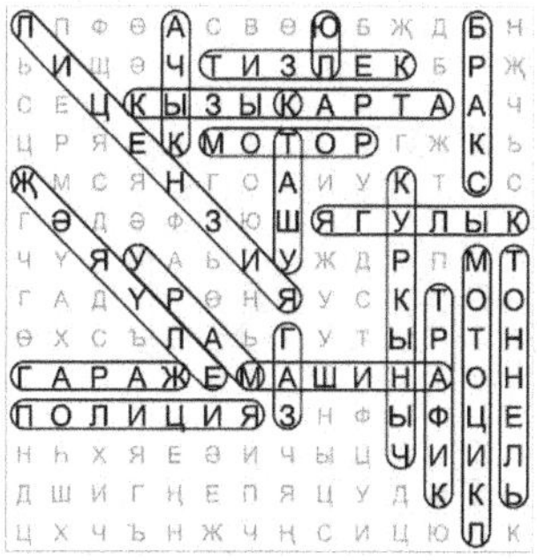

76 - Professions #2

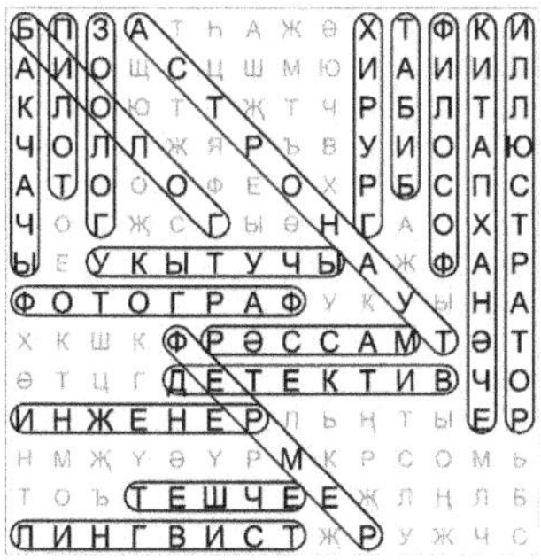

77 - Emotions

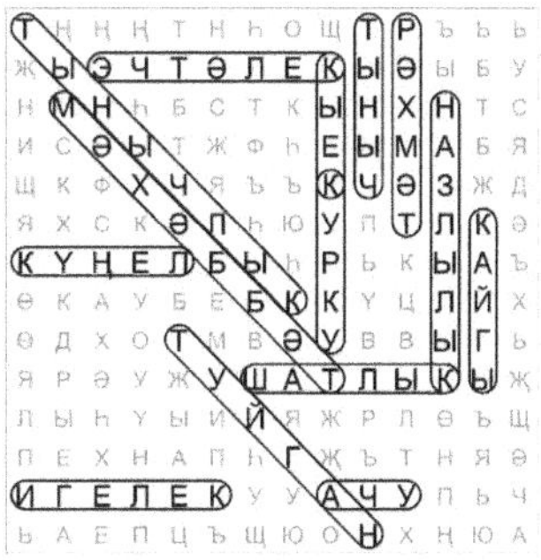

78 - Mythology

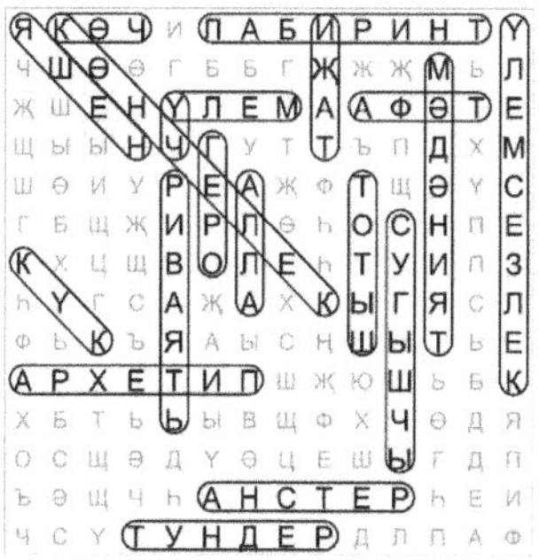

79 - Hair Types

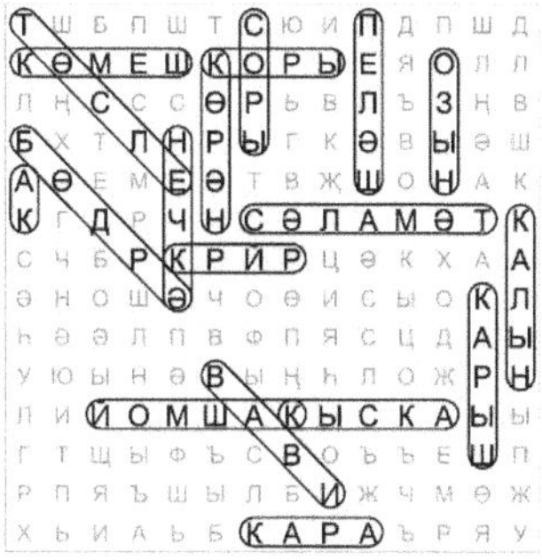

80 - Garden

81 - Birthday

82 - Beach

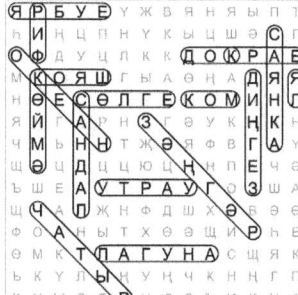

83 - Adjectives #1

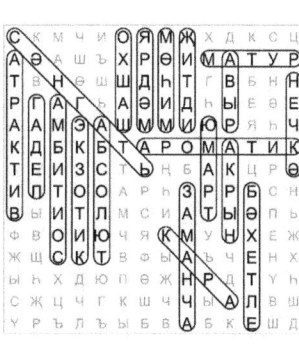

84 - Rainforest

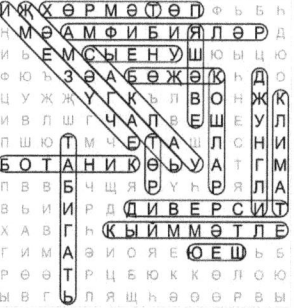

85 - Technology

86 - Landscapes

87 - Visual Arts

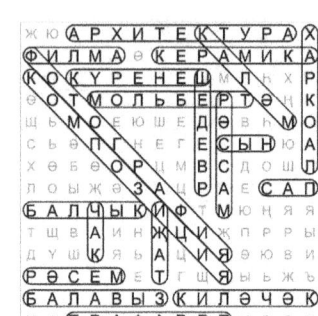

88 - Plants

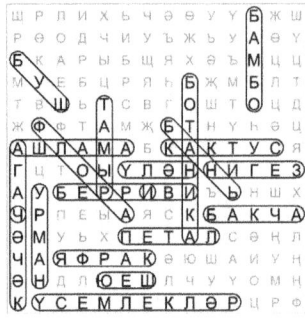

89 - Countries #2

90 - Ecology

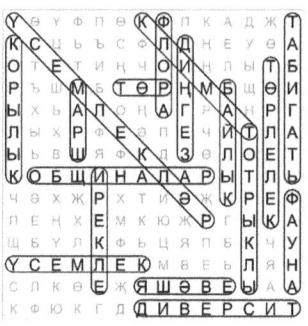

91 - Adjectives #2

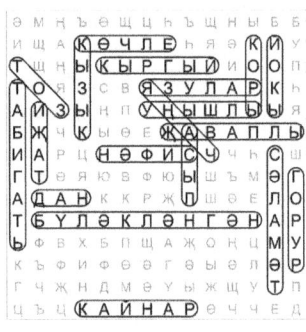

92 - Math

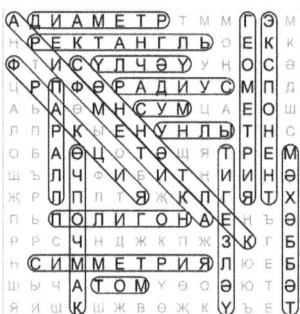

93 - Water

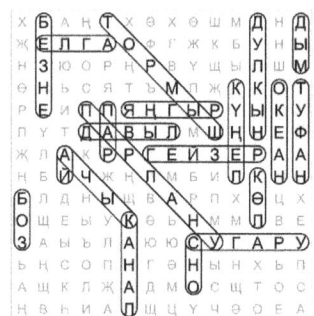

94 - Activities

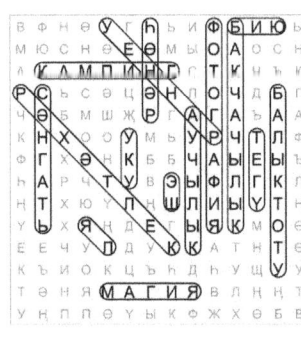

95 - Literature

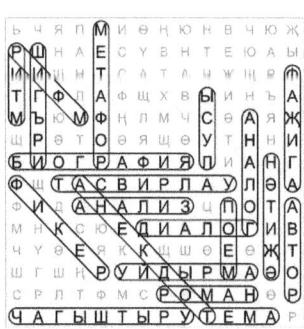

96 - Geography

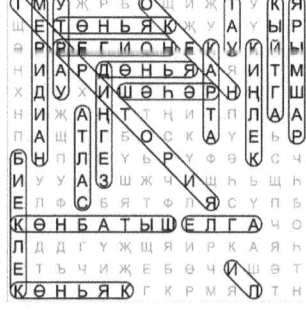

97 - Pets

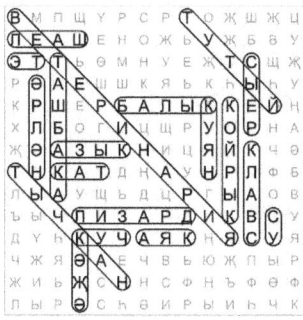

98 - Nature

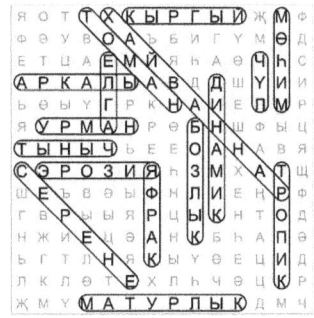

99 - Championship

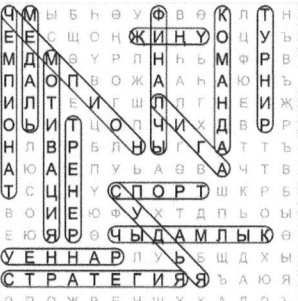

100 - Vacation #2

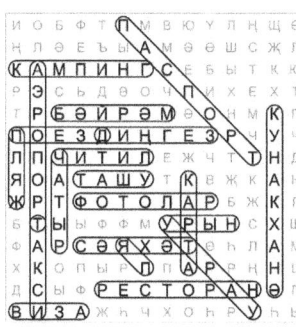

Dictionary

Activities
Чаралар

Activity	Эш
Art	Сәнгать
Camping	Кампинг
Crafts	Һөнәр
Dancing	Бию
Fishing	Балык Тоту
Games	Уеннар
Gardening	Бакчачылык
Hunting	Аучылык
Leisure	Ял
Magic	Магия
Photography	Фотография
Pleasure	Рәхәтлек
Reading	Уку
Sewing	Тегү

Activities and Leisure
Күңел ачу һәм Ял

Art	Сәнгать
Baseball	Бейсбол
Basketball	Баскетбол
Boxing	Бокс
Camping	Кампинг
Diving	Сикерү
Fishing	Балык Тоту
Gardening	Бакчачылык
Golf	Гольф
Hobbies	Хобби
Soccer	Футбол
Surfing	Сурфинг
Swimming	Йөзү
Tennis	Теннис
Travel	Сәяхәт
Volleyball	Волейбол

Adjectives #1
Сыйфатлар 11

Absolute	Абсолют
Ambitious	Амбитиос
Aromatic	Ароматик
Artistic	Сәнгать
Attractive	Атрактив
Beautiful	Матур
Dark	Кара
Exotic	Экзотик
Generous	Юмарт
Happy	Бәхетле
Heavy	Авыр
Helpful	Ярдәм
Honest	Гадел
Identical	Охшаш
Important	Мөһим
Modern	Заманча
Serious	Җитди
Slow	Акрын
Thin	Нечкә
Valuable	Кыйммәтле

Adjectives #2
Сыйфатлар 22

Authentic	Асыл
Creative	Иҗат
Descriptive	Язулар
Dry	Коры
Elegant	Нәфис
Famous	Дан
Gifted	Бүләкләнгән
Healthy	Сәламәт
Hot	Кайнар
Hungry	Ач
Interesting	Кызык
Natural	Табигать
New	Яңа
Productive	Уңышлы
Proud	Горур
Responsible	Җаваплы
Salty	Тоз
Sleepy	Йокы
Strong	Көчле
Wild	Кыргый

Adventure
Маҗара

Activity	Эш
Beauty	Матурлык
Bravery	Батырлык
Chance	Шанс
Dangerous	Куркыныч
Destination	Урын
Difficulty	Авырлык
Excursion	Экскурсия
Friends	Дуслар
Itinerary	Маршрут
Joy	Шатлык
Nature	Табигать
Navigation	Навигация
New	Яңа
Opportunity	Мөмкинлек
Preparation	Әзерлек
Unusual	Гадәттән Тыш

Airplanes
Самолетлар

Adventure	Маҗара
Atmosphere	Һава
Balloon	Шар
Construction	Төзелеш
Crew	Көймә
Descent	Нәсел
Design	Дизайн
Direction	Юнәлеш
Engine	Двигатель
Fuel	Ягулык
Height	Биеклек
History	Тарих
Hydrogen	Водород
Landing	Утырту
Passenger	Юлчы
Pilot	Пилот
Sky	Күк
Turbulence	Буңгылык

Antarctica
Антарктида

Bay	Бай
Birds	Кошлар
Conservation	Саклау
Continent	Кыйтга
Cove	Ков
Environment	Әйләнә
Expedition	Экспедиция
Geography	География
Glaciers	Бозлык
Ice	Боз
Islands	Утрау
Migration	Миграция
Minerals	Минераллар
Peninsula	Ярымутрау
Researcher	Тикшеруче
Rocky	Роки
Scientific	Фәнни
Temperature	Эсселек
Topography	Топография
Water	Су

Art
Сәнгать

Ceramic	Керамик
Complex	Тормыш
Composition	Композиция
Expression	Ачылыш
Honest	Гадел
Inspired	Илһам
Mood	Кәеф
Original	Оригинал
Personal	Шәхси
Poetry	Шигърият
Simple	Гади
Subject	Тема
Surrealism	Сурализм
Symbol	Символ
Visual	Визуаль

Art Supplies
Сәнгать Кирәк-Яраклары

Acrylic	Акрилик
Camera	Камера
Chair	Урындык
Clay	Балчык
Colors	Төсләр
Creativity	Ижат
Easel	Сель
Eraser	Эразер
Glue	Глуе
Ideas	Фикер
Ink	Инк
Oil	Нефть
Paper	Кәгазь
Pencils	Карандашлар
Table	Табын
Water	Су

Astronomy
Астрономия

Asteroid	Астероид
Astronaut	Астронаут
Astronomer	Астроном
Constellation	Йолдызлык
Cosmos	Галәм
Earth	Җир
Eclipse	Тотылу
Equinox	Экинокс
Galaxy	Галактика
Meteor	Метеор
Moon	Ай
Nebula	Небула
Observatory	Обсерватория
Planet	Планета
Radiation	Нурланыш
Rocket	Ракета
Satellite	Иярчен
Sky	Күк
Supernova	Супернова
Zodiac	Оя

Ballet
Балет

Applause	Алкышлар
Artistic	Сәнгать
Audience	Аудитория
Ballerina	Балерина
Choreography	Хореография
Composer	Композитор
Dancers	Биючеләр
Expressive	Экспрессив
Gesture	Ишарә
Intensity	Интенсивлык
Muscles	Мускуллар
Music	Музыка
Orchestra	Оркестр
Practice	Практика
Rehearsal	Репетиция
Rhythm	Ритм
Solo	Тоз
Style	Ысул
Technique	Техника

Barbecues
Барбекю

Chicken	Тавык
Children	Балалар
Dinner	Кичке Аш
Family	Гаилә
Food	Азык
Forks	Форкс
Friends	Дуслар
Fruit	Җимеш
Games	Уеннар
Grill	Гриль
Hot	Кайнар
Hunger	Ачлык
Knives	Белән
Music	Музыка
Salads	Салат
Salt	Тоз
Sauce	Соус
Summer	Җәй
Tomatoes	Томат
Vegetables	Яшелчә

Bathroom
Мунча Бүлмәсе

Bath	Бат
Bubbles	Кбш
Lotion	Лотион
Mirror	Көзге
Perfume	Перфум
Rug	Рюг
Scissors	Кайчы
Shampoo	Шампо
Shower	Душ
Soap	Сабын
Sponge	Ирен
Steam	Пар
Toilet	Бәдрәф
Towel	Сөлге
Water	Су

Beach
Пляж

Blue	Зәңгәр
Boat	Көймә
Coast	Яр Буе
Crab	Краб
Dock	Док
Island	Утрау
Lagoon	Лагуна
Ocean	Океан
Reef	Риф
Sailboat	Саянка
Sand	Ком
Sandals	Сандал
Sea	Диңгез
Sun	Кояш
Towel	Сөлге
Umbrella	Чатыр
Vacation	Ял

Bees
Умартачылар

Beneficial	Файда
Blossom	Чәчәк
Diversity	Диверсит
Ecosystem	Экосистема
Flowers	Чәчәкләр
Food	Азык
Fruit	Җимеш
Garden	Бакча
Hive	Вич
Honey	Бал
Insect	Бөҗәк
Plants	Үсемлек
Pollen	Поллен
Pollinator	Полинатор
Queen	Патшабикә
Smoke	Төтен
Sun	Кояш
Swarm	Ил
Wax	Балавыз
Wings	Канатлар

Birds
Кош-Корт

Canary	Канары
Chicken	Тавык
Crow	Карга
Cuckoo	Күке
Dove	Дов
Duck	Үрдәк
Eagle	Бөркет
Egg	Йомырка
Flamingo	Фламинго
Goose	Каз
Heron	Герон
Ostrich	Острих
Parrot	Тутый
Peacock	Тавис
Pelican	Пеликан
Penguin	Пингвин
Sparrow	Чыпчык
Stork	Сторк
Swan	Аккош
Toucan	Тукан

Birthday
Туган Көне

Cake	Торт
Calendar	Календар
Candles	Шәм
Celebration	Бәйрәм
Day	Көн
Friends	Дуслар
Fun	Күңел Ачу
Gift	Бүләк
Great	Бөек
Happy	Бәхетле
Invitations	Чакырулар
Joyful	Шат
Song	Җыр
Special	Махсус
Time	Вакыт
Wisdom	Зирәклек
Year	Ел
Young	Яшь

Boats
Көймәләр

Anchor	Якорь
Buoy	Бой
Canoe	Каноэ
Crew	Көймә
Dock	Док
Engine	Двигатель
Ferry	Пар
Kayak	Каяк
Lake	Күл
Mast	Маст
Nautical	Наутик
Ocean	Океан
Raft	Сал
River	Елга
Rope	Бау
Sailboat	Саянка
Sailor	Диңгезче
Sea	Диңгез
Waves	Дулкыннар
Yacht	Яхта

Books
Китаплар

Adventure	Маҗара
Author	Автор
Collection	Җыелма
Context	Контекс
Duality	Дуалит
Epic	Эпос
Historical	Тарихи
Humorous	Кеше
Inventive	Инвентив
Literary	Әдәби
Novel	Роман
Page	Бит
Poem	Поем
Poetry	Шигърият
Reader	Укучы
Relevant	Килешле
Series	Серияләр
Story	Хикәя
Tragic	Трагик
Words	Сүзләр

Buildings
Биналар

Apartment	Фатир
Barn	Барн
Cabin	Кабин
Castle	Касл
Cinema	Кино
Embassy	Илчелек
Factory	Завод
Hospital	Хастаханә
Hostel	Хостел
Hotel	Кунакханә
Laboratory	Лаборатория
Museum	Музей
Observatory	Обсерватория
School	Мәктәп
Stadium	Стадион
Supermarket	Супермаркет
Tent	Чатыр
Theater	Театр
Tower	Манара
University	Университет

Camping
Кемпинг

Adventure	Маҗара
Animals	Хайваннар
Cabin	Кабин
Canoe	Каноэ
Compass	Компас
Equipment	Җиһаз
Fire	Ут
Forest	Урман
Fun	Күңел Ачу
Hammock	Хаммок
Hat	Хат
Hunting	Аучылык
Insect	Бөҗәк
Lake	Күл
Map	Карта
Moon	Ай
Mountain	Тау
Nature	Табигать
Rope	Бау
Tent	Чатыр

Castles
Касллар

Armor	Корал
Catapult	Катапул
Crown	Таҗ
Dragon	Аждаһа
Dungeon	Дюнжон
Dynasty	Династия
Empire	Империя
Feudal	Феудал
Horse	Ат
Kingdom	Патшалык
Moat	Моат
Noble	Затлы
Palace	Сарай
Prince	Принц
Princess	Принцесса
Shield	Калкан
Sword	Кылыч
Tower	Манара
Unicorn	Уникорн
Wall	Стена

Cats
Мәчеләр

Affectionate	Ярату
Claw	Клав
Crazy	Шаян
Curious	Кызык
Fur	Мех
Hunter	Аучы
Independent	Бәйсез
Little	Кечкенә
Mouse	Тычкан
Paw	Аяк
Personality	Шәхес
Shy	Оял
Sleep	Йокы
Tail	Койрык
Wild	Кыргый
Yarn	Ярн

Championship
Чемпионат

Champion	Чемпион
Championship	Чемпионат
Coach	Тренер
Endurance	Чыдамлык
Finalist	Финалчы
Games	Уеннар
Judge	Судья
League	Лига
Medal	Медаль
Motivation	Мотивация
Sports	Спорт
Strategy	Стратегия
Team	Команда
Tournament	Турнир
Victory	Җиңү

Chess
Шахмат

Black	Кара
Champion	Чемпион
Contest	Конкурс
Diagonal	Диагональ
Game	Уен
King	Патша
Opponent	Дошман
Passive	Пассив
Player	Уенчы
Queen	Патшабикә
Rules	Кагыйдәләр
Sacrifice	Корбан
Strategy	Стратегия
Time	Вакыт
Tournament	Турнир
White	Ак

Chocolate
Шоколад

Antioxidant	Антиоксидант
Aroma	Арома
Artisanal	Артисанал
Bitter	Ачы
Cacao	Какао
Calories	Калория
Candy	Канди
Caramel	Карамель
Coconut	Кокос
Delicious	Тәмле
Exotic	Экзотик
Favorite	Яраткан
Flavor	Ярату
Ingredient	Ингредиент
Peanuts	Арахис
Quality	Сыйфат
Sugar	Шикәр
Sweet	Татлы
Taste	Тәм

Circus
Цирк

Acrobat	Акробат
Animals	Хайваннар
Candy	Канди
Clown	Клоун
Costume	Костюм
Elephant	Фил
Juggler	Жуглер
Lion	Арыслан
Magic	Магия
Magician	Тылсымчы
Monkey	Маймыл
Music	Музыка
Parade	Парад
Show	Күрсәт
Spectator	Тамашачы
Tent	Чатыр
Ticket	Билет
Tiger	Юлбарыс

Climbing
Әйтеш

Altitude	Биеклек
Atmosphere	һава
Boots	Ботинка
Cave	Мәгарә
Curiosity	Кызыксыну
Expert	Эксперт
Gloves	Гловес
Helmet	Шлем
Map	Карта
Narrow	Тар
Physical	Физик
Stability	Тотрыклылык
Strength	Көч
Terrain	Җир

Clothes
Кием

Apron	Апрон
Belt	Билбау
Blouse	Кары
Bracelet	Беләзек
Coat	Пальто
Dress	Ачык
Fashion	Мода
Gloves	Гловес
Hat	Хат
Jacket	Джекет
Jeans	Жанс
Necklace	Муенса
Pajamas	Пажамас
Pants	Шым
Sandals	Сандал
Scarf	Скарф
Shirt	Күлмәк
Shoe	Шое
Skirt	Итәк
Sweater	Плеер

Colors
Төсләр

Azure	Кыз
Beige	Бэж
Black	Кара
Blue	Зәңгәр
Brown	Көрән
Cyan	Циан
Fuchsia	Фучсия
Green	Яшел
Grey	Соры
Indigo	Индиго
Magenta	Магента
Orange	Кызгылт
Pink	Ал
Purple	Максат
Red	Кызыл
Sepia	Сепия
Violet	Виолет
White	Ак
Yellow	Сары

Comedy
Комедия

Actor	Актер
Actress	Актриса
Applause	Алкышлар
Audience	Аудитория
Clowns	Клоуннар
Expressive	Экспрессив
Fun	Күңел Ачу
Funny	Кызык
Humor	Юмор
Improvisation	Импровизация
Laughter	Көлү
Parody	Пароди
Television	Телевидение
Theater	Театр

Conservation
Саклауга

Changes	Үзгәреш
Climate	Климат
Cycle	Цикл
Ecosystem	Экосистема
Education	Белем
Environmental	Экологик
Green	Яшел
Health	Сәламәтлек
Natural	Табигать
Organic	Органик
Pesticide	Пестицид
Pollution	Пычрану
Sustainable	Тотрыклы
Water	Су

Cooking Tools
Инструментлар Әзерләү Өч

Colander	Коландер
Cutlery	Кутлери
Fork	Форк
Grater	Гратер
Kettle	Кеттл
Knife	Пычак
Lid	Лид
Oven	Мич
Refrigerator	Суыткыч
Scissors	Кайчы
Spatula	Спатула
Spoon	Кашык
Stove	Стов
Thermometer	Термометр
Toaster	Тостер

Countries #2
2 Илләр

Albania	Албания
Denmark	Дания
Ethiopia	Хәбәшстан
Greece	Греция
Haiti	Гаити
Jamaica	Ямайка
Japan	Япония
Laos	Лаос
Lebanon	Ливан
Liberia	Либерия
Mexico	Мексика
Nepal	Непал
Nigeria	Нигерия
Pakistan	Пакистан
Russia	Россия
Somalia	Сомали
Sudan	Судан
Syria	Сирия
Uganda	Уганда
Ukraine	Украина

Dance
Бию

Academy	Академия
Art	Сәнгать
Body	Тән
Choreography	Хореография
Classical	Классик
Cultural	Мәдәни
Culture	Мәдәният
Emotion	Хис
Expressive	Экспрессив
Grace	Мәрхәмәт
Joyful	Шат
Movement	Хәрәкәт
Music	Музыка
Partner	Партнер
Posture	Постур
Rehearsal	Репетиция
Rhythm	Ритм
Traditional	Сәүдә
Visual	Визуаль

Days and Months
Көннәр һәм Айлар

April	Апрель
August	Август
Calendar	Календар
February	Февраль
Friday	Җомга
January	Гыйнвар
July	Июль
March	Март
Monday	Дүшәмбе
Month	Ай
November	Ноябрь
October	Октябрь
Saturday	Шимбә
September	Сентябрь
Sunday	Якшәмбе
Thursday	Пәнҗешәмбе
Tuesday	Сишәмбе
Wednesday	Кичә
Week	Атна
Year	Ел

Dinosaurs
Динозаврлар

Disappearance	Юкка Чыгу
Earth	Җир
Enormous	Зур
Evolution	Эволюция
Herbivore	Үлән
Mammoth	Мамонт
Omnivore	Омнивор
Powerful	Көчле
Prehistoric	Тарих
Prey	Пре
Reptile	Рептил
Size	Зурлык
Species	Төр
Tail	Койрык
Vicious	Бозык
Wings	Канатлар

Driving
Машина Йөртү

Accident	Ачык
Brakes	Бракс
Car	Машина
Danger	Куркыныч
Fuel	Ягулык
Garage	Гараж
Gas	Газ
License	Лицензия
Map	Карта
Motor	Мотор
Motorcycle	Мотоцикл
Pedestrian	Җәяүле
Police	Полиция
Road	Юл
Speed	Тизлек
Street	Урам
Traffic	Трафик
Transportation	Ташу
Truck	Кызык
Tunnel	Тоннель

Ecology
Экология

Climate	Климат
Communities	Общиналар
Diversity	Диверсит
Drought	Корылык
Fauna	Фауна
Flora	Флора
Marine	Диңгез
Marsh	Марш
Nature	Табигать
Plants	Үсемлек
Resources	Байлык
Species	Төр
Survival	Яшәве
Sustainable	Тотрыклы
Variety	Төрлелек
Vegetation	Үсемлекләр
Volunteers	Ирекле

Emotions
Хисләр

Anger	Ачу
Boredom	Кыек
Calm	Тыныч
Content	Эчтәлек
Fear	Курку
Grateful	Рәхмәт
Joy	Шатлык
Kindness	Игелек
Love	Мәхәббәт
Peace	Тынычлык
Sadness	Кайгы
Satisfied	Туйган
Sympathy	Күңел
Tenderness	Назлылык

Exploration
Тикшеренү

Activity	Эш
Animals	Хайваннар
Courage	Батырлык
Cultures	Мәдәният
Determination	Билгеләмә
Discovery	Ачыш
Exhaustion	Ачык
Language	Тел
New	Яңа
Space	Космос
Terrain	Җир
Travel	Сәяхәт
Unknown	Билгесез
Wild	Кыргый

Family
Гаилә

Ancestor	Баба
Aunt	Апа
Brother	Кардәш
Childhood	Бала
Children	Балалар
Cousin	Косин
Daughter	Кыз
Father	Әти
Grandmother	Әби
Grandson	Оныk
Husband	Ир
Maternal	Ана
Mother	Әни
Nephew	Нефев
Niece	Нисе
Paternal	Ата
Sister	Сеңел
Uncle	Абый
Wife	Хатын

Farm #1
Ферма № 1

Agriculture	Авыл Хуҗалыгы
Bee	Бэ
Bison	Бисон
Calf	Бала
Cat	Кат
Chicken	Тавык
Cow	Сыер
Crow	Карга
Dog	Эт
Donkey	Иңү
Fence	Койма
Fertilizer	Ашлама
Field	Кыр
Goat	Кәҗә
Hay	Хәй
Honey	Бал
Horse	Ат
Rice	Дөге
Seeds	Орлыклар
Water	Су

Farm #2
2 нче Ферма

Animals	Хайваннар
Barley	Арпа
Barn	Барн
Corn	Кукуруз
Duck	Үрдәк
Farmer	Фермер
Food	Азык
Fruit	Җимеш
Irrigation	Сугару
Lamb	Кузы
Llama	Лама
Meadow	Болын
Milk	Сөт
Orchard	Бакча
Ripe	Рип
Sheep	Сарык
Tractor	Трактор
Vegetable	Яшелчә
Wheat	Бодай
Windmill	Виндмилл

Fishing
Балык Тоту

Bait	Байт
Basket	Баскет
Beach	Пляж
Boat	Көймә
Equipment	Җиһаз
Exaggeration	Ачык
Fins	Финс
Gills	Гиллс
Hook	Кык
Jaw	Җавс
Lake	Күл
Ocean	Океан
Patience	Сабырлык
River	Елга
Water	Су
Weight	Авырлык
Wire	Чыбык

Flowers
Чәчәкләр

Bouquet	Букет
Clover	Якын
Daisy	Көн
Dandelion	Тузганак
Gardenia	Бакча
Hibiscus	Хибискус
Jasmine	Ясмин
Lavender	Лаванда
Lilac	Лилак
Lily	Лилия
Magnolia	Магнолия
Orchid	Орхид
Peony	Пеони
Petal	Петал
Poppy	Поппи
Sunflower	Көнбагыш
Tulip	Лалә

Food #1
Азык # 1

Apricot	Абрикос
Barley	Арпа
Basil	Басил
Carrot	Кишер
Cinnamon	Дарчин
Garlic	Сарымсак
Juice	Су
Lemon	Лимон
Milk	Сөт
Onion	Суган
Peanut	Арахис
Pear	Йөк
Salad	Салат
Salt	Тоз
Soup	Аш
Spinach	Шпинат
Strawberry	Чүпчей
Sugar	Шикәр
Tuna	Туна
Turnip	Турнип

Food #2
Азык 22

Apple	Алма
Artichoke	Артист
Banana	Банан
Broccoli	Брокколи
Celery	Челери
Cheese	Чи
Cherry	Чия
Chicken	Тавык
Chocolate	Шоколад
Egg	Йомырка
Eggplant	Баклажан
Fish	Балык
Grape	Йөзем
Ham	Хам
Kiwi	Киви
Mushroom	Гөмбә
Rice	Дөге
Tomato	Томат
Wheat	Бодай
Yogurt	Йогурт

Fruit
Җимеш

Apple	Алма
Apricot	Абрикос
Avocado	Авокадо
Banana	Банан
Berry	Берри
Cherry	Чия
Coconut	Кокос
Fig	Инҗир
Grape	Йөзем
Guava	Гуава
Kiwi	Киви
Lemon	Лимон
Mango	Манго
Melon	Кавын
Nectarine	Нектар
Papaya	Папайя
Peach	Пах
Pear	Йөк
Pineapple	Ананас
Raspberry	Кура

Garden
Бакча

Bush	Буш
Fence	Койма
Flower	Чәчәк
Garage	Гараж
Garden	Бакча
Grass	Үлән
Hammock	Хаммок
Hose	Ош
Pond	Буа
Rake	Раке
Shovel	Көрәк
Soil	Туфрак
Terrace	Терраса
Trampoline	Трамполин
Tree	Агач
Vine	Вайне
Weeds	Чүп

Geography
География

Altitude	Биеклек
Atlas	Атлас
City	Шәһәр
Continent	Кыйтга
Country	Ил
Hemisphere	Ярымшар
Island	Утрау
Latitude	Киңлек
Map	Карта
Meridian	Меридиан
Mountain	Тау
North	Төньяк
Ocean	Океан
Region	Регион
River	Елга
Sea	Диңгез
South	Көньяк
Territory	Территория
West	Көнбатыш
World	Дөнья

Geology
Геология

Acid	Әчелек
Calcium	Кальций
Cavern	Каверн
Continent	Кыйтга
Coral	Мәрҗән
Crystals	Кристаллар
Cycles	Цикллар
Earthquake	Зилзилә
Erosion	Эрозия
Fossil	Фоссил
Geyser	Гейзер
Lava	Лава
Layer	Катлам
Minerals	Минераллар
Plateau	Плато
Quartz	Кварц
Salt	Тоз
Stalactite	Сталакит
Stone	Таш
Volcano	Вулкан

Hair Types
Чәч Төрләре

Bald	Пеләш
Black	Кара
Braided	Карыш
Brown	Көрән
Colored	Төсле
Curls	Крйр
Curly	Бөдрә
Dry	Коры
Gray	Соры
Healthy	Сәламәт
Long	Озын
Short	Кыска
Silver	Көмеш
Soft	Йомшак
Thick	Калын
Thin	Нечкә
Wavy	Вави
White	Ак

Herbalism
Үләнчелек

Aromatic	Ароматик
Basil	Басил
Beneficial	Файда
Culinary	Аш-Су
Fennel	Феннел
Flavor	Ярату
Flower	Чәчәк
Garden	Бакча
Garlic	Сарымсак
Green	Яшел
Ingredient	Ингредиент
Lavender	Лаванда
Marjoram	Маржорам
Mint	Минт
Oregano	Орегано
Parsley	Парсле
Plant	Үсемлек
Rosemary	Розмари
Saffron	Сафрон
Tarragon	Таррагон

Hiking
Җәяүлеләр Туризмы

Animals	Хайваннар
Boots	Ботинка
Camping	Кампинг
Climate	Климат
Heavy	Авыр
Map	Карта
Mountain	Тау
Nature	Табигать
Orientation	Ориентация
Parks	Парклар
Preparation	Әзерлек
Stones	Ташлар
Sun	Кояш
Tired	Ару
Water	Су
Wild	Кыргый

House
Йорт

Attic	Аттик
Basement	Подвал
Broom	Бум
Curtains	Карты
Door	Ишек
Fence	Койма
Fireplace	Камин
Furniture	Җиһаз
Garage	Гараж
Garden	Бакча
Keys	Ачкыч
Kitchen	Кухня
Lamp	Лампа
Library	Китапханә
Mirror	Көзге
Roof	Түбә
Room	Бүлмә
Shower	Душ
Wall	Стена
Window	Тәрәзә

Human Body
Человеческое Гәүдәсен

Ankle	Тубык
Blood	Кан
Bones	Сөякләр
Brain	Баш Мие
Chin	Ияк
Ear	Колак
Elbow	Терсәк
Face	Фак
Finger	Бармак
Hand	Кул
Head	Баш
Heart	Йөрәк
Jaw	Җавс
Knee	Тез
Leg	Аяк
Mouth	Ай
Neck	Муен
Nose	Борын
Shoulder	Җил
Skin	Тире

Insects
Бөҗәкләр

Ant	Ант
Aphid	Афид
Bee	Бэ
Beetle	Бегел
Butterfly	Күбәләк
Cicada	Цикада
Cockroach	Кокроач
Dragonfly	Стрекоза
Flea	Флеа
Gnat	Гна
Grasshopper	Чикерткә
Hornet	Хорнет
Ladybug	Камка
Larva	Ларва
Locust	Локус
Mantis	Мантис
Mosquito	Черки
Termite	Термит
Wasp	Гасп
Worm	Эш

Kitchen
Аш Бүлмәсе

Apron	Апрон
Bowl	Касә
Chopsticks	Таякчык
Cups	Куплар
Food	Азык
Forks	Форкс
Freezer	Фризер
Grill	Гриль
Jar	Жар
Jug	Юг
Kettle	Кеттл
Knives	Белән
Ladle	Чүмеч
Napkin	Напкин
Oven	Мич
Refrigerator	Суыткыч
Sponge	Ирен
Spoons	Кашыклар

Landscapes
Күренеш

Beach	Пляж
Cave	Мәгарә
Desert	Чүл
Geyser	Гейзер
Glacier	Бозлык
Hill	Хилл
Iceberg	Айсберг
Island	Утрау
Lake	Күл
Mountain	Тау
Oasis	Оазис
Ocean	Океан
Peninsula	Ярымутрау
River	Елга
Sea	Диңгез
Swamp	Саз
Tundra	Тундра
Valley	Үзән
Volcano	Вулкан
Waterfall	Шарлавык

Literature
Әдәбият

Analogy	Аналог
Analysis	Анализ
Anecdote	Анекдот
Author	Автор
Biography	Биография
Comparison	Чагыштыру
Conclusion	Нәтиҗә
Description	Тасвирлау
Dialogue	Диалог
Fiction	Уйдырма
Metaphor	Метафор
Novel	Роман
Opinion	Фикер
Poem	Поем
Poetic	Шигъри
Rhyme	Рифм
Rhythm	Ритм
Style	Ысул
Theme	Тема
Tragedy	Фаҗига

Mammals
Имезүчеләр

Bear	Аю
Beaver	Бевер
Bull	Үгез
Cat	Кат
Coyote	Койот
Dog	Эт
Dolphin	Дельфин
Elephant	Фил
Fox	Төлке
Giraffe	Жираф
Gorilla	Горилла
Horse	Ат
Kangaroo	Кангаро
Lion	Арыслан
Monkey	Маймыл
Rabbit	Куян
Sheep	Сарык
Whale	Кит
Wolf	Бүре
Zebra	Зебра

Math
Математика

Arithmetic	Арифметика
Circumference	Сөннәтлек
Decimal	Унлы
Diameter	Диаметр
Equation	Тигезләү
Exponent	Экспонент
Fraction	Фракция
Geometry	Геометрия
Parallel	Паралл
Perimeter	Үлчәү
Perpendicular	Мәхәббәт
Polygon	Полигон
Radius	Радиус
Rectangle	Ректангль
Sum	Сум
Symmetry	Симметрия
Triangle	Өчпочмак
Volume	Том

Measurements
Үлчәү

Byte	Байт
Centimeter	Сантиметр
Decimal	Унлы
Degree	Дәрәҗә
Depth	Тирәнлек
Gram	Грам
Height	Биеклек
Inch	Дюйм
Kilogram	Килограмм
Kilometer	Километр
Length	Озынлык
Liter	Литр
Mass	Халык
Meter	Метр
Minute	Минут
Ounce	Унция
Ton	Нн
Volume	Том
Weight	Авырлык
Width	Иң

Meditation
Медитация

Acceptance	Кабул Иту
Attention	Игътибар
Awake	Уяныгыз
Breathing	Сулыш
Calm	Тыныч
Clarity	Якынлык
Compassion	Кызгану
Emotions	Хис
Gratitude	Рәхмәт
Habits	Гадәт
Happiness	Бәхет
Kindness	Игелек
Mental	Акыл
Movement	Хәрәкәт
Music	Музыка
Nature	Табигать
Observation	Күзәту
Perspective	Перспектива
Silence	Тынычлык
Thoughts	Фикер

Musical Instruments
Музыкаль Инструментлар

Banjo	Банжо
Bassoon	Фагот
Cello	Челло
Clarinet	Кларине
Drum	Барабан
Flute	Флут
Gong	Гонг
Guitar	Гитара
Harmonica	Гармоника
Harp	Арп
Mandolin	Мандолин
Marimba	Маримба
Oboe	Обоэ
Percussion	Перкуссион
Piano	Пиано
Saxophone	Саксофон
Tambourine	Бубен
Trombone	Тромбон
Trumpet	Кызык
Violin	Виолин

Mythology
Мифология

Archetype	Архетип
Behavior	Тотыш
Creature	Иҗат
Culture	Мәдәният
Deities	Алла
Disaster	Афәт
Heaven	Күк
Hero	Геро
Immortality	Үлемсезлек
Jealousy	Көнчелек
Labyrinth	Лабиринт
Legend	Риваять
Lightning	Яшен
Monster	Анстер
Mortal	Үлем
Revenge	Үч
Strength	Көч
Thunder	Тундер
Warrior	Сугышчы

Nature
Табигать

Animals	Хайваннар
Arctic	Аркалы
Beauty	Матурлык
Desert	Чүл
Dynamic	Динамик
Erosion	Эрозия
Fog	Томан
Foliage	Яфрак
Forest	Урман
Glacier	Бозлык
Peaceful	Тыныч
River	Елга
Serene	Серене
Tropical	Тропик
Vital	Мөһим
Wild	Кыргый

Numbers
Саннар

Decimal	Унлы
Eight	Сигез
Eighteen	Унсигезенче
Fifteen	Унбиш
Five	Биш
Four	Дүрт
Fourteen	Ундүрт
Nine	Тугыз
Nineteen	Унсигез
One	Бер
Seven	Җиде
Seventeen	Унҗиде
Six	Алты
Sixteen	Уналты
Ten	Ун
Thirteen	Унөч
Three	Өч
Twelve	Унике
Twenty	Егерме
Two	Ике

Nutrition
Туклану

Appetite	Тамак
Balanced	Баланс
Bitter	Ачы
Calories	Калория
Carbohydrates	Ярмасындагы
Diet	Диета
Digestion	Ашкайнату
Edible	Ашау
Fermentation	Ачу
Flavor	Ярату
Habits	Гадәт
Health	Сәламәтлек
Healthy	Сәламәт
Nutrient	Азык
Proteins	Аксым
Quality	Сыйфат
Sauce	Соус
Toxin	Токсин
Vitamin	Витамин
Weight	Авырлык

Ocean
Дәрья

Algae	Сүүсем
Coral	Мәрҗән
Crab	Краб
Dolphin	Дельфин
Eel	Эл
Fish	Балык
Jellyfish	Медуза
Octopus	Сигезаяк
Oyster	Ойстер
Reef	Риф
Salt	Тоз
Seaweed	Диңгез
Shark	Акула
Shrimp	Шримп
Sponge	Ирен
Storm	Давыл
Tides	Судс
Tuna	Туна
Turtle	Ташбака
Whale	Кит

Pets
Йорт Хайваннары

Cat	Кат
Claws	Клавс
Cow	Сыер
Dog	Эт
Fish	Балык
Food	Азык
Goat	Кәҗә
Hamster	Әрлән
Leash	Леаш
Lizard	Лизард
Mouse	Тычкан
Parrot	Тутый
Paws	Аяк
Puppy	Куч
Rabbit	Куян
Tail	Койрык
Turtle	Ташбака
Veterinarian	Ветеринария
Water	Су

Pirates
Пиратлар

Adventure	Маҗара
Anchor	Якорь
Bad	Начар
Beach	Пляж
Captain	Капитан
Cave	Мәгарә
Coins	Тәңкә
Compass	Компас
Crew	Көймә
Danger	Куркыныч
Flag	Флаг
Gold	Алтын
Island	Утрау
Legend	Риваять
Map	Карта
Parrot	Тутый
Rum	Рум
Scar	Скар
Sword	Кылыч
Treasure	Хәзинә

Plants
Үсемлек

Bamboo	Бамбо
Bean	Бань
Berry	Берри
Botany	Ботаника
Bush	Буш
Cactus	Кактус
Fertilizer	Ашлама
Flora	Флора
Flower	Чәчәк
Foliage	Яфрак
Forest	Урман
Garden	Бакча
Grass	Үлән
Ivy	Иви
Moss	Юеш
Petal	Петал
Root	Тамыр
Stem	Нигез
Tree	Агач
Vegetation	Үсемлекләр

Professions #1
1 нче Һөнәр

Ambassador	Илче
Astronomer	Астроном
Attorney	Адвокат
Banker	Банкер
Cartographer	Картограф
Coach	Тренер
Dancer	Биюче
Doctor	Табиб
Editor	Редактор
Geologist	Геолог
Hunter	Аучы
Jeweler	Яһүд
Lawyer	Юрист
Musician	Уенчы
Pianist	Пианист
Plumber	Плумбер
Psychologist	Психолог
Sailor	Диңгезче
Tailor	Таилор
Veterinarian	Ветеринария

Professions #2
2 нче Һөнәр

Astronaut	Астронаут
Biologist	Биолог
Dentist	Тешче
Detective	Детектив
Engineer	Инженер
Farmer	Фермер
Gardener	Бакчачы
Illustrator	Иллюстратор
Inventor	Уйлап Табучы
Journalist	Журналист
Librarian	Китапханәче
Linguist	Лингвист
Painter	Рәссам
Philosopher	Философ
Photographer	Фотограф
Physician	Табиб
Pilot	Пилот
Surgeon	Хирург
Teacher	Укытучы
Zoologist	Зоолог

Rainforest
Тропик Урман

Amphibians	Амфибияләр
Birds	Кошлар
Botanical	Ботаник
Climate	Климат
Community	Җәмәгать
Diversity	Диверсит
Indigenous	Төп
Insects	Бөҗәк
Jungle	Джунгли
Mammals	Имезүче
Moss	Юеш
Nature	Табигать
Preservation	Саклау
Refuge	Сыену
Respect	Хөрмәт
Species	Төр
Survival	Яшәве
Valuable	Кыйммәтле

Restaurant #1
1 нче Ресторан

Allergy	Аллергия
Bowl	Касә
Bread	Икмәк
Chicken	Тавык
Coffee	Кофе
Dessert	Десерт
Food	Азык
Ingredients	Ингредиентлар
Kitchen	Кухня
Knife	Пычак
Meat	Ит
Menu	Мену
Napkin	Напкин
Reservation	Резервация
Sauce	Соус
Spicy	Сыйлык
Waitress	Көтү

Restaurant #2
2 нче Ресторан

Cake	Торт
Chair	Урындык
Delicious	Тәмле
Dinner	Кичке Аш
Eggs	Йомырка
Fish	Балык
Fork	Форк
Fruit	Җимеш
Ice	Боз
Noodles	Нудль
Salad	Салат
Salt	Тоз
Soup	Аш
Spoon	Кашык
Vegetables	Яшелчә
Waiter	Офҗер
Water	Су

School #2
2 нче Мәктәп

Academic	Академик
Activities	Эшләр
Books	Китаплар
Bus	Автобус
Calendar	Календар
Computer	Компьютер
Dictionary	Сүзлек
Education	Белем
Eraser	Эразер
Friends	Дуслар
Games	Уеннар
Grammar	Грамматика
Library	Китапханә
Literature	Әдәбият
Paper	Кәгазь
Pencil	Карандаш
Science	Фән
Scissors	Кайчы
Teacher	Укытучы
Weekends	Ял

Science
Фән

Atom	Атом
Chemical	Химик
Climate	Климат
Data	Мәгълүмат
Evolution	Эволюция
Experiment	Тәҗрибә
Fact	Факт
Fossil	Фоссил
Gravity	Гравитация
Hypothesis	Гипотеза
Laboratory	Лаборатория
Method	Ысул
Minerals	Минераллар
Molecules	Молекулалар
Nature	Табигать
Organism	Организм
Particles	Кисәкчә
Physics	Физика
Plants	Үсемлек
Scientist	Галим

Science Fiction
Фәнни Фантастика

Atomic	Атом
Books	Китаплар
Cinema	Кино
Clones	Клон
Dystopia	Дистопия
Explosion	Шартлау
Extreme	Экстремаль
Fantastic	Фантастик
Fire	Ут
Futuristic	Футуристик
Galaxy	Галактика
Illusion	Иллюзия
Imaginary	Тормыш
Mysterious	Серле
Oracle	Оракл
Planet	Планета
Robots	Роботлар
Technology	Технология
Utopia	Утопия
World	Дөнья

Scientific Disciplines
Фәнни Дисциплиналар

Anatomy	Анатомия
Archaeology	Археология
Astronomy	Астрономия
Biochemistry	Биохимия
Biology	Биология
Botany	Ботаника
Chemistry	Химия
Ecology	Экология
Geology	Геология
Immunology	Иммунология
Kinesiology	Кинезиология
Linguistics	Лингвистика
Mechanics	Механика
Mineralogy	Минералия
Neurology	Неврология
Physiology	Физиология
Psychology	Психология
Sociology	Социология
Thermodynamics	Термодинамика
Zoology	Зоология

Shapes
Фигуралар

Arc	Арк
Circle	Даирә
Cone	Конж
Corner	Почт
Cube	Кубе
Curve	Кәкре
Cylinder	Цилиндр
Ellipse	Элпә
Hyperbola	Гипербола
Line	Сызык
Oval	Овал
Polygon	Полигон
Prism	Призма
Pyramid	Пирамида
Rectangle	Ректангль
Side	Як
Triangle	Өчпочмак

Spices
Тәмләткечләр

Anise	Әнис
Bitter	Ачы
Cardamom	Кардамом
Cinnamon	Дарчин
Coriander	Кориандер
Cumin	Кумин
Curry	Кри
Fennel	Феннел
Fenugreek	Фенугрек
Flavor	Ярату
Garlic	Сарымсак
Ginger	Имбир
Nutmeg	Нутмег
Onion	Суган
Paprika	Паприка
Pepper	Борыч
Saffron	Сафрон
Salt	Тоз
Sweet	Татлы
Vanilla	Ваниль

Sports
Спорт Төрләре

Athlete	Спортчы
Baseball	Бейсбол
Basketball	Баскетбол
Bicycle	Велосипед
Championship	Чемпионат
Coach	Тренер
Game	Уен
Golf	Гольф
Gymnasium	Гимназия
Gymnastics	Гимнастика
Hockey	Хоккей
Movement	Хәрәкәт
Player	Уенчы
Stadium	Стадион
Team	Команда
Tennis	Теннис
Winner	Җиңүче

Summer
Җәй

Beach	Пляж
Books	Китаплар
Camping	Кампинг
Diving	Сикеру
Family	Гаилә
Food	Азык
Friends	Дуслар
Games	Уеннар
Garden	Бакча
Joy	Шатлык
Leisure	Ял
Music	Музыка
Sandals	Сандал
Sea	Диңгез
Stars	Йолдызлар
Travel	Сәяхәт

Technology
Технология

Blog	Блог
Browser	Браузер
Bytes	Байт
Camera	Камера
Computer	Компьютер
Cursor	Курсор
Data	Мәгълүмат
Digital	Санлы
File	Файл
Font	Фонт
Internet	Интернет
Message	Хәбәр
Research	Тикшеренү
Screen	Экран
Software	Программа
Statistics	Статистика
Virtual	Виртуаль
Virus	Вирус

Time
Вакыт

After	Соң
Annual	Еллык
Before	Элек
Calendar	Календар
Century	Гасыр
Day	Көн
Decade	Декад
Future	Килечәк
Hour	Сәгать
Minute	Минут
Month	Ай
Morning	Иртә
Night	Төн
Noon	Төш
Now	Хәзер
Soon	Сон
Today	Бүген
Week	Атна
Year	Ел
Yesterday	Кичә

To Fill
Тутыру Өчен

Bag	Баг
Barrel	Мичкә
Basket	Баскет
Bottle	Шешә
Box	Рамка
Bucket	Чиләк
Carton	Картон
Drawer	Ватер
Envelope	Конверт
Folder	Папка
Jar	Җар
Pocket	Кесә
Suitcase	Чемодан
Tube	Тубе
Vase	Вас

Tools
Кораллар

Axe	Аксе
Cable	Кабель
Glue	Глуе
Hammer	Чүкеч
Knife	Пычак
Ladder	Баскыч
Mallet	Маллет
Pliers	Плье
Razor	Разор
Rope	Бау
Scissors	Кайчы
Screw	Шпр
Shovel	Көрәк
Torch	Факел
Wheel	Тәгәрмәч

Town
Шәһәр

Airport	Аэропорт
Bakery	Бакери
Bank	Банк
Bookstore	Китап Кибете
Cinema	Кино
Clinic	Клиника
Florist	Флорист
Gallery	Галерея
Hotel	Кунакханә
Library	Китапханә
Market	Базар
Museum	Музей
Pharmacy	Даруханә
School	Мәктәп
Stadium	Стадион
Store	Кибет
Supermarket	Супермаркет
Theater	Театр
University	Университет
Zoo	Зоопарк

Toys
Уенчыклар

Airplane	Очкыч
Ball	Бал
Bicycle	Велосипед
Boat	Көймә
Books	Китаплар
Car	Машина
Chess	Шахмат
Clay	Балчык
Crafts	Һөнәр
Doll	Кул
Drums	Барабаннар
Favorite	Яраткан
Games	Уеннар
Imagination	Тормыш
Kite	Кит
Robot	Робот
Train	Поезд
Truck	Кызык

Vacation #2
2 нче Ял

Airport	Аэропорт
Beach	Пляж
Camping	Кампинг
Destination	Урын
Foreigner	Чит Ил
Holiday	Бәйрәм
Hotel	Кунакханә
Island	Утрау
Journey	Сәяхәт
Leisure	Ял
Map	Карта
Passport	Паспорт
Photos	Фотолар
Restaurant	Ресторан
Sea	Диңгез
Taxi	Такси
Tent	Чатыр
Train	Поезд
Transportation	Ташу
Visa	Виза

Vegetables
Яшелчәләр

Artichoke	Артист
Broccoli	Брокколи
Carrot	Кишер
Cauliflower	Төсле Кәбестә
Celery	Челери
Cucumber	Кыяр
Eggplant	Баклажан
Garlic	Сарымсак
Ginger	Имбир
Mushroom	Гөмбә
Onion	Суган
Parsley	Парсле
Pea	Бора
Pumpkin	Кабак
Radish	Радиш
Salad	Салат
Shallot	Шаян
Spinach	Шпинат
Tomato	Томат
Turnip	Турнир

Vehicles
Транспорт Чаралары

Airplane	Очкыч
Bicycle	Велосипед
Boat	Көймә
Bus	Автобус
Car	Машина
Caravan	Кәрван
Engine	Двигатель
Ferry	Пар
Helicopter	Вертолет
Motor	Мотор
Raft	Сал
Rocket	Ракета
Scooter	Скотер
Shuttle	Шаттл
Subway	Метро
Taxi	Такси
Tires	Шиналар
Tractor	Трактор
Train	Поезд
Truck	Кызык

Virtues #1
1 нче Яхшылык

Artistic	Сәнгать
Charming	Сокландыргыч
Clean	Чиста
Curious	Кызык
Decisive	Хәлиткеч
Efficient	Эффектив
Generous	Юмарт
Good	Яхшы
Helpful	Ярдәм
Independent	Бәйсез
Modest	Тыйнак
Patient	Сабыр
Practical	Практик
Reliable	Ышанычлы
Wise	Зирәк

Visual Arts
Визуаль Сәнгать

Architecture	Архитектура
Artist	Рәссам
Ceramics	Керамика
Chalk	Чак
Charcoal	Харкоал
Clay	Балчык
Composition	Композиция
Creativity	Ижат
Easel	Мольберт
Film	Филма
Masterpiece	Шедевр
Painting	Күренеш
Pen	Сап
Pencil	Каләм
Perspective	Киләчәк
Photograph	Фотография
Portrait	Рәсем
Sculpture	Сын
Stencil	Трафарет
Wax	Балавыз

Water
Су

Canal	Канал
Damp	Дым
Evaporation	Парлану
Flood	Туфан
Frost	Ачык
Geyser	Гейзер
Humidity	Безне
Hurricane	Давыл
Ice	Боз
Irrigation	Сугару
Lake	Күл
Moisture	Тормыш
Monsoon	Ай
Ocean	Океан
Rain	Яңгыр
River	Елга
Shower	Күңел
Snow	Сно
Steam	Пар
Waves	Дулкын

Weather
Һава

Breeze	Бриз
Calm	Тыныч
Climate	Һава
Cloud	Якын
Drought	Тормыш
Dry	Коры
Fog	Томан
Hurricane	Давыл
Ice	Боз
Lightning	Яшен
Monsoon	Ай
Polar	Поляр
Rainbow	Яңгыр
Sky	Күк
Storm	Хикәя
Temperature	Эсселек
Thunder	Тундер
Tornado	Торнадо
Tropical	Тропик
Wind	Җил

Congratulations

You made it!

We hope you enjoyed this book as much as we enjoyed making it. We do our best to make high quality games.
These puzzles are designed in a clever way for you to learn actively while having fun!

Did you love them?

A Simple Request

Our books exist thanks your reviews. Could you help us by leaving one now?

Here is a short link which will take you to your order review page:

BestBooksActivity.com/Review50

MONSTER CHALLENGE!

Challenge #1

Ready for Your Bonus Game? We use them all the time but they are not so easy to find. Here are **Synonyms**!

Note 5 words you discovered in each of the Puzzles noted below (#21, #36, #76) and try to find 2 synonyms for each word.

Note 5 Words from **Puzzle 21**

Words	Synonym 1	Synonym 2

Note 5 Words from **Puzzle 36**

Words	Synonym 1	Synonym 2

Note 5 Words from **Puzzle 76**

Words	Synonym 1	Synonym 2

Challenge #2

Now that you are warmed-up, note 5 words you discovered in each Puzzle noted below (#9, #17, #25) and try to find 2 antonyms for each word. How many lines can you do in 20 minutes?

Note 5 Words from **Puzzle 9**

Words	Antonym 1	Antonym 2

Note 5 Words from **Puzzle 17**

Words	Antonym 1	Antonym 2

Note 5 Words from **Puzzle 25**

Words	Antonym 1	Antonym 2

Challenge #3

Wonderful, this monster challenge is nothing to you!

Ready for the last one? Choose your 10 favorite words discovered in any of the Puzzles and note them below.

1.	6.
2.	7.
3.	8.
4.	9.
5.	10.

Now, using these words and within a maximum of six sentences, your challenge is to compose a text about a person, animal or place that you love!

Tip: You can use the last blank page of this book as a draft!

Your Writing:

_____

_____

_____

_____

_____

_____

_____

Explore a Unique Store
Set Up **FOR YOU!**

BestActivityBooks.com/TheStore

Designed for Entertainment!

Light Up Your Brain With Unique **Gift Ideas**.

Access **Surprising** And **Essential Supplies!**

CHECK OUT OUR MONTHLY SELECTION NOW!

- Expertly Crafted Products -

NOTEBOOK:

SEE YOU SOON!

Linguas Classics Team

ENJOY FREE GAMES

NOW ON

↓

BESTACTIVITYBOOKS.COM/FREEGAMES

www.ingramcontent.com/pod-product-compliance
Lightning Source LLC
Chambersburg PA
CBHW082156120626
46553CB00010B/2905